Johannes, Martina und Tobias Hartkemeyer

Sternstunden Dialogischer Intelligenz

Genie-Streiche, Irrgärten und Glücksmomente menschlicher Begegnung

Johannes, Martina und Tobias Hartkemeyer

Sternstunden Dialogischer Intelligenz

Genie-Streiche, Irrgärten und Glücksmomente menschlicher Begegnung

INFO3 VERLAG

Die Gedichte von Hafis (Mohammed Schemseddin) sind zitiert nach der Ausgabe von Ilserose Vollenweider, Die Liebe erleuchtet den Himmel, Düsseldorf 2002

Johannes, Martina und Tobias Hartkemeyer:
Sternstunden Dialogischer Intelligenz

ISBN 978-3-95779-155-9

Erste Auflage 2022

Lektorat: Jens Heisterkamp, Frankfurt am Main
Typographie und Satz: de·te·pe, Ulrich Schmid, Aalen
Umschlag: Frank Schubert, Frankfurt am Main
Druck: CPI books, Leck, auf 100 % Recycling-Papier

Inhalt

Vorbemerkungen 7

Kapitel 1: Schlüsselmomente im Dialog 15
Willy Brandt / Anwar as-Sadat / Helmut Schmidt / Marshall Rosenberg / Dan Bar-on / Sally Perel / Muhammad Ashafa / James Wuye

Kapitel 2: Brüche und Grenzen des Dialogs 57
Klaus Maria Brandauer / Mahatma Gandhi / Dag Hammarskjöld / Andrés Pastrana / Adolf Reichwein / Elisabeth Siegel

Kapitel 3: Dialog mit der Natur 89
Thomas Berry / Die Hüter des Herzens / Galsan Tschinag

Kapitel 4: Organisationsentwicklung oder soziale Kunst? 109
Joseph Jaworsky / Fritjof Capra / Heinz Verst

Kapitel 5: Interkultureller Dialog 141
Tschangtau / C.G: Jung und Meister Eckart / Mohammad Khatami / Peter Garrett

Kapitel 6: Der Dialog als Lernfeld zwischen Wissen und Einsicht 175
Joseph Weizenbaum / Gunter Pauli / Jesper Juul / Michael Mendizza / Otto Schärli

Kapitel 7: Dialog und Politik 217
Horst Siebert / David Bohm / Rainer Mausfeld /
Sheldon Wolin / Der Talanoa-Dialog von Katowice

Kapitel 8: Hören, reden und denken im Dialog 233
Hans-Peter Dürr / Imam Moghadam

Ausklang 257

Johannes Hartkemeyer – eine Lebensskizze 259

Bildquellenverzeichnis 262

Vorbemerkungen

„Wir alle sind infantile, neurotische, wahnsinnige Wesen und gleichzeitig sind wir auch rational. All das bietet den typisch menschlichen Stoff. Wir sind keine logischen Wesen und trotzdem auf den Logos angewiesen. Ich glaube an die Kraft des Dialogs, der diese Elemente miteinander verbindet", so formuliert es der französische Philosoph Edgar Morin. Es scheint, dass die Qualität des menschlichen Umgangs angesichts der zunehmenden Vernetzung und der technischen Möglichkeiten auf unserem Planeten immer mehr zum Schlüsselmoment der Zukunftsfähigkeit wird. Im persönlichen Umgang miteinander, in Organisationen, zwischen Staaten, Machtblöcken, aber auch in unserer Beziehung zu dem, was wir Natur nennen, ja letztlich zu uns selbst, werden die Grenzen egozentrischen Denkens, Redens und Handelns immer sichtbarer. Sie begrenzen kreative und sinnvolle gemeinsame Zukunftsmöglichkeiten. Sie können uns sogar ausbrennen, krankmachen.

Zahlreiche Anfragen und vielversprechende Projekterfahrungen, die uns nach unserem Grundlagenbuch *Dialogische Intelligenz* erreichten, ermutigten uns, weiter gemeinsam nachzudenken.

- Wie können wir den in den letzten Jahren durch viele Menschen vielfältig differenzierten dialogischen Ansatz weiterentwickeln und praktischer werden lassen?
- Wie kann uns ein dialogisches Herangehen im Alltag praktisch helfen?

- Was können wir aus den Erfahrungen lernen?
- Was sind Schlüsselmomente im Dialog?
- Gibt es Grenzen des Dialogs?

Und immer wieder überfällt uns der Gedanke: „You teach best what you need most". Wir wollen uns aber nicht selbst entmutigen, sondern versuchen, unsere eigenen Fragen zu klären oder zu verwandeln. Auch möchten wir an Beispielen zeigen, wie sich so etwas wie eine dialogische Haltung oder Welterfahrung herausbilden könnte.

Wir bleiben also nicht bei den dialogischen Zirkeln stehen, sondern möchten an Beispielen zeigen, was eine solche Haltung in der Praxis bewirken kann. Denn: Wandlung zeigt sich durch Handlung. Das gilt für verschiedene Ansätze in pädagogischen, sozialen, wirtschaftlichen und politischen Einsatzfeldern. Der Dialogbegriff wird daher weiter gefasst und beschränkt sich nicht auf gruppendynamische Erkenntnisprozesse.

Aber auch die Konfliktfelder und Schlagwortbereiche der politischen Hilflosigkeit sind so weit gefasst, dass sie nahezu alle gesellschaftlichen Lebensbereiche und Einstellungen durchdringen. Ob Terrorismus, Populismus, Fremdenfeindlichkeit, die Genderfrage, Antisemitismus, Nahostkonflikt, Europapolitik, Verkehrspolitik, Umweltpolitik, Grundeinkommen, Klimawandel, die innerdeutsche Spaltung, Sozialpolitik: Überall finden wir nahezu unversöhnliche Positionen, die aber kaum noch mit den Mitteln der Logik ansprechbar sind, sondern manchmal nur benutzt werden, um sich gegenseitig zu diskreditieren und sich selbst ins rechte Licht zu setzen.

Mächtige Konzerne wie Bayer und VW werden plötzlich Opfer ihrer eigenen Doppelmoral. Auch Staatenverbünde wie die europäische Union sind nicht gefeit vor einem möglichen Zusammenbruch. Die älteste Demokratie der Welt zeigte am Beispiel des Brexit ihre praktische Hilflosigkeit mit taktischen, unehrlichen Inszenierungen. Selbst die älteste religiöse Moralinstitution der Welt, die zweitausendjährige katholische Kirche, sieht sich angesichts der Verschleppung eines notwendigen ehrlichen Dialogs einer „Kernschmelze der Glaubwürdigkeit" gegenüber.

Die Hilflosigkeit eines konventionellen politischen Ansatzes, erst bei eskalierenden öffentlichen Ereignissen tätig zu werden, oder diese zu instrumentalisieren, führt nicht selten in die Irre. Es wird damit unsichtbar gemacht, dass heutige Probleme in der Regel Ergebnisse der Problemlösungen von gestern sind und infolgedessen ein wirklichkeitsnaher Lernprozess nicht erfolgte. Das ist „Lernen mit begrenzter Haftung". Dieses zeigt sich in der kommunikativen Hilflosigkeit gegenüber scheinbar extremistischen Positionen in politischen Gedankenfeldern bis hin zu politischen Positionen, die demonstrativ mit moralischen Forderungen unterlegt sind, ohne tragfähige Lösungen zu finden. Es ist offenbar schwierig „über unseren eigenen Schatten zu springen", oder sich gar mit dem eigenen „Schatten" auseinanderzusetzen.

Es scheint immer notwendiger zu sein, genauer gemeinsam hinzuschauen wie irrationale Konflikte entstehen und wie sie durch eine dialogische Haltung möglicherweise im Ansatz besser ansprechbar gemacht und durch die Entfaltung dialogischer Intelligenz leichter lösbar werden können. Aber es scheint auch Grenzen zu geben, wie Muhammad Khatami in unserem Gespräch sagt, denn er funktioniert nur gemeinsam und kann nicht erzwungen werden: „Der Dialog zeigt seine Schätze nur denen, die sich miteinander auf eine gemeinsame Entdeckungsreise einlassen."

Selbstverständlich sollen in diesem Buch keine patentreifen Lösungsrezepte für die obengenannten Problemfelder vorgestellt werden, sondern neben den Chancen exemplarisch auch Irrwege und Selbsttäuschungen benannt werden, die durch eine dialogorientierte Herangehensweise leichter erkannt werden könnten.

In diesem Zusammenhang spielt auch das Phänomen der Erfahrung eine tragende Rolle. Alle glauben zu wissen was Erfahrung ist. Aber in Wirklichkeit ist dies ein „Blinder Fleck", wie es der Neurowissenschaftler Humberto Maturana in einem Gespräch nannte. Alle sprechen von Erfahrung. Manche pochen sogar darauf, unter Umständen so stark, dass sie „erblinden". Aber Erfahrung kann auch befreien. Befreien aus Denkgefängnissen. Befreiende Erfahrungen können neue Möglichkeitsräume, zukunftsfähige Gedankenfelder eröffnen.

Daher haben wir in diesem Buch eine Reihe von Gesprächen und Entscheidungssituationen von lebenserfahrenen Menschen gesammelt, die anders handelten als erwartet. Insofern kann sogar der Blinde Fleck die Plattform, der Aussichtsturm in eine andere Zukunft werden. Die Zukunft ist aus dieser Sicht keine „Widerfahrnis" aus den beharrenden Kräften der Lethargie, sondern etwas, was wir aus den Kräften der Zukunft im Hier und Jetzt konkret gestalten.

Wir wollen also Kräfte der Ermutigung und der Schärfung des Blicks aus diesen zum Teil historischen Erfahrungen freisetzen. Es geht also um frisches Denken anstelle der Bewahrung des Gedachten, also im Sinne von David Bohm um „thinking" statt „thought". Eigentlich ist dies immer das Anliegen einer aufklärerischen Philosophie (im Sinne der Liebe zur Weisheit) gewesen. Es geht nun darum, endlich den Weg in die Praxis zu nehmen – den „Ausgang des Menschen aus seiner selbst verschuldeten Unmündigkeit" (Kant) durch die Entfesselung unserer dialogischen Intelligenz.

Wir sollten dabei nie vergessen, dass wir die Wahrheit niemals besitzen können. Dazu meinte Goethe, dass nicht die Inhalte der Welt, die Objekte, Träger der Erkenntnis oder Wahrheit seien, sondern die wirkenden Beziehungen. Für ihn war deshalb die Philosophie des Ostens, etwa von Konfuzius und Laotse, eine wichtige Erweiterung der westlichen Aufklärung. Wir denken nicht selten, so ein Sufi-Meister, „weil wir ‚eins' verstanden haben, werden wir auch ‚zwei' verstehen, weil ja ‚eins und eins' ‚zwei' ergeben. Aber wir müssen ebenfalls das ‚und' verstehen." Die Dichtungen von Hafis, die Goethe zu seinem westöstlichen Diwan inspirierten, spielen deshalb in diesem Buch eine wichtige Rolle.

Meine Seele hat es eilig

Ich habe meine Jahre gezählt und festgestellt, dass ich weniger Zeit habe, zu leben, als ich bisher gelebt habe. Ich fühle mich wie dieses Kind, das eine Schachtel Bonbons gewonnen hat: die ersten essen sie mit Vergnügen, aber als es merkt, dass nur noch wenige übrig waren, begann es, sie wirklich zu genießen.

Ich habe keine Zeit für endlose Konferenzen, bei denen die Statuten, Regeln, Verfahren und internen Vorschriften besprochen werden, in dem Wissen, dass nichts erreicht wird.

Ich habe keine Zeit mehr, absurde Menschen zu ertragen, die ungeachtet ihres Alters nicht gewachsen sind.

Ich habe keine Zeit mehr, mit Mittelmäßigkeit zu kämpfen.

Ich will nicht in Besprechungen sein, in denen aufgeblasene Egos aufmarschieren.

Ich vertrage keine Manipulierer und Opportunisten.

Mich stören die Neider, die versuchen, Fähigere in Verruf zu bringen, um sich ihrer Positionen, Talente und Erfolge zu bemächtigen.

Meine Zeit ist zu kurz, um Überschriften zu diskutieren. Ich will das Wesentliche, denn meine Seele ist in Eile. Ohne viele Süßigkeiten in der Packung.

Ich möchte mit Menschen leben, die sehr menschlich sind. Menschen, die über ihre Fehler lachen können, die sich nichts auf ihre Erfolge einbilden. Die sich nicht vorzeitig berufen fühlen und die nicht vor ihrer Verantwortung fliehen. Die die menschliche Würde verteidigen und die nur an der Seite der Wahrheit und Rechtschaffenheit gehen möchten. Es ist das, was das Leben lebenswert macht.

Ich möchte mich mit Menschen umgeben, die es verstehen, die Herzen anderer zu berühren. Menschen, die durch die har-

ten Schläge des Lebens lernten, durch sanfte Berührungen der Seele zu wachsen.

Ja, ich habe es eilig, ich habe es eilig, mit der Intensität zu leben, die nur die Reife geben kann.

Ich versuche, keine der Süßigkeiten, die mir noch bleiben, zu verschwenden. Ich bin mir sicher, dass sie köstlicher sein werden, als die, die ich bereits gegessen habe.

Mein Ziel ist es, das Ende zufrieden zu erreichen, in Frieden mit mir, meinen Lieben und meinem Gewissen.

Wir haben zwei Leben und das zweite beginnt, wenn du erkennst, dass du nur eins hast.

Ricardo Gondim (São Paulo, Brasilien, oft Mário de Andrade zugeschrieben)

Kapitel 1

Schlüsselmomente im Dialog

Dein Saatbeutel

Laternen
Hängen am Nachthimmel,
Damit dein Auge
Noch ein Bild der Liebe
Auf deiner seidenen Leinwand malen kann,
Bevor du schläfst.

Worte des Allmächtigen haben dich erreicht
Und ein goldenes Feld in deinem Inneren
bestellt.

Wenn all dein Begehren sich auf das
Wesentliche konzentriert,
Wirst du nur zwei Dinge wählen:

Mehr zu lieben
Und glücklich zu sein.

Nimm die Töne von der Flöte Hafis'
Und mische sie in deinen Saatbeutel.
Und wenn der Mond sagt:
„Es ist Zeit zu
Pflanzen",

Warum nicht tanzen,
Tanzen und
Singen?

Hafis

1.1 *Er-Lösung durch (De-)Mut* Der Kniefall von Warschau

Der ungeplante Kniefall von Warschau am 7. Dezember 1970 durch den damaligen Bundeskanzler **Willy Brandt** vor dem Ehrenmal der Opfer im Warschauer Ghetto fand als Vergebungsgeste ein einmaliges Echo, das bis heute versöhnend nachwirkt. Angerührt benannten die Polen diesen Ort später zum Willy-Brandt-Platz (Skwer Willy'ego Brandta).

Seinem Freund und Partner bei der Durchsetzung der Ost-West Entspannungspolitik, Egon Bahr, sagte er am Abend jenes Tages: „Ich hatte das Empfinden, ein Neigen des Kopfes genügt nicht." Und in seinen Erinnerungen schreibt Willy Brandt: „Immer wieder bin ich gefragt worden, was es mit dieser Geste auf sich gehabt habe. Ob sie etwa geplant gewesen sei? Nein, das war sie nicht. Meine engen Mitarbeiter waren nicht weniger überrascht, als jene Reporter und Fotografen, die neben mir standen, und als jene, die der Szene ferngeblieben waren, weil sie Neues nicht erwarteten. (...) Ich hatte nichts geplant, aber Schloss Wilanow, wo ich untergebracht war, in dem Gefühl verlassen, die Besonderheit des Gedenkens am Ghetto-Monument zum Ausdruck bringen zu müssen. Am Abgrund der deutschen Geschichte und unter der Last der Millionen Ermordeten tat ich, was Menschen tun, wenn die Sprache versagt."

Der *Spiegel*-Redakteur Hermann Schreiber schrieb als Augenzeuge eine Woche später in dem Nachrichtenmagazin: „Wenn dieser nicht religiöse, für das Verbrechen nicht mitverantwortliche, damals nicht dabeigewesene Mann nun dennoch auf eigenes Betreiben seinen Weg durchs ehemalige Warschauer Ghetto nimmt und dort niederkniet – dann kniet er da also nicht um seinetwillen. Dann kniet er, der das nicht nötig hat, da für alle, die es nötig haben, aber nicht da knien – weil sie es nicht wagen oder nicht können oder nicht wagen können. Dann bekennt er sich zu einer Schuld, an der er selber nicht zu tragen hat, und bittet um eine Vergebung, derer er selber nicht bedarf. Dann kniet er da für Deutschland."

Eine echte Demutgeste – nur scheinbar ein Zeichen für Schwäche – kann eine unglaubliche Stärke entfalten. Hier stand sie am Beginn eines befreienden Dialogs.

Aber nicht alle Menschen in Deutschland haben das verstanden. Die Mehrheit der Westdeutschen hielt den Kniefall damals für übertrieben. Und die Springer-Presse hetzte mit *Bild* und *Welt* gegen Brandts Entspannungspolitik: „Verzichtspolitiker", „Verräter", „Ausverkauf Deutschlands". Das hielt die *Bild*-Zeitung aber nicht davon ab, 2007 in einer Eigenkampagne schamlos mit Brandts Kniefall zu werben und zu titeln: „Die Wahrheit braucht einen Mutigen, der sie ausspricht."

Am 23. Mai 2014 sagte der Schriftsteller Navid Kermani im Deutschen Bundestag im Rahmen der Feierstunde 65 Jahre Grundgesetz: „Wenn ich einen einzelnen Tag, ein einzelnes Ereignis, eine einzige Geste benennen wollte, für die in der deutschen Nachkriegsgeschichte das Wort ‚Würde' angezeigt scheint, dann war es (…) der Kniefall von Warschau."

1.2 *Liebet Eure Feinde…* Vom Geist der entwaffnenden Barmherzigkeit im Dialog

Sie spürte die Liebe

Wie
Konnte die Rose
Je ihr Herz öffnen
Und dieser Welt
All ihre Schönheit
Schenken?
Sie spürte die Ermutigung des Lichts,
Das sie liebend umfing.
Sonst
Blieben wir alle
Zu
Erschrocken.

Hafis

Lille, Frankreich, 27. Mai 1940. Das Artillerieregiment von Jean Goss feuert aus allen Rohren auf die deutschen Truppen, welche die französische Verteidigung an diesem Frontabschnitt durchbrechen wollen. Mit aller Macht verteidigt er in der Nacht vom 27. auf den 28. Mai eine französische Panzersperre gegen die deutsche Übermacht. Im französischen Armeebericht heißt es: „Vom 28. bis zum ein 31. Mai blieb er Tag und Nacht auf seinem Posten, einer Panzerabwehrstellung, unter Bombardements und dem Beschuss durch Maschinengewehre. Dabei bediente er nicht nur sein Panzerabwehrgeschütz, sondern zusätzlich eine 25-cm-Kanone und ein Maschinengewehr. All dies in unerschütterlicher Ruhe und

Kaltblütigkeit. Zugleich hielt er den Kampfgeist seiner Männer aufrecht und wehrte mehrere Angriffe des Feindes ab." Später erzählt Jean Goss, er habe, was das Zeug hielt, geschossen, um den Angriff der Panzerarmee Rommels aufzuhalten.

Bis am Abend des 31. Mai, dem Herz-Jesu-Fest, den Franzosen die Munition ausgeht. Die französischen Offiziere sind gezwungen, den Kampf abzubrechen. Beeindruckt von deren mutigem Widerstand beschließen die Deutschen, den französischen Truppen militärische Ehre zu erweisen. Deshalb bereiten die Franzosen in der Nacht eine Militärparade vor. Im Morgengrauen begeht der Oberbefehlshaber der französischen Einheit Selbstmord. (Näheres dazu *in* Hildegard Goss-Mayr, Jo Hanssens: *Jean Goss, Mystiker und Zeuge der Gewaltfreiheit*, Ostfildern 2012)

Adolf Hitler ist völlig entsetzt von der Geste des deutschen Wehrmachtsgenerals Waeger für den „Feind". Er entlässt den General auf der Stelle und verbietet seinen Generälen, künftig etwas Derartiges wieder zu tun.

Jean Goss gilt ab 1. Juni 1940 als Kriegsgefangener und wird in ein deutsches Lager in der Nähe von Schwerin überführt. Dort setzt er sich für die Belange seiner Mitgefangenen ein. Jean Goss berichtet, dass ihn in dieser Zeit ein mystisches Erlebnis für immer geprägt hat. Und aus diesem Erleben heraus sei seine grundsätzliche Haltung für die Dialogarbeit zwischen den Feinden entstanden. Es sei für ihn das „Damaskus-Erlebnis" gewesen.

In der Bibel gibt es eine Stelle, die davon berichtet, wie Saulus, der im Auftrage der imperialen Supermacht Rom eine brutale Christenverfolgung organisiert, auf dem Wege nach Damaskus von einer plötzlichen Erkenntnis ergriffen wird. Dadurch wird Saulus zum späteren Apostel des Christentums, zu Paulus: „Unterwegs aber, als er sich bereits Damaskus näherte, geschah es, dass ihn plötzlich ein Licht vom Himmel umstrahlte. Er stürzte zu Boden und hörte, wie eine Stimme zu ihm sagte: Saul, Saul, warum verfolgst du mich? Er antwortete: Wer bist du, Herr? Dieser sagte: Ich bin Jesus, den du verfolgst." (*Apostelgeschichte* 9,3–5)

Der konsequente Einsatz von Jean Goss für seine Mithäftlinge führte ihn in schwere Konflikte mit der Lagerleitung. Er wurde geschlagen, gefoltert und schließlich zum Tode verurteilt. Jean Goss erzählt:

„Kurz vor dem Zeitpunkt der Hinrichtung sprach ich zu dem befehlshabenden deutschen Offizier von der Freude, dass ich nun mit dem Gott der Liebe ganz vereint sein würde. Ich sprach von dieser ungeheuren Liebe Gottes zu ihm und zu allen Menschen und liebte ihn mit allen Kräften und aus ganzem Herzen. Weißt du, man kann diese Begebenheit erzählen, was man schwer ausdrücken kann, ist, dass der Offizier diese Liebe gespürt hat! Die Art und Weise, wie er den Revolver beiseitelegte – sagte alles. Er verweigerte die Exekution und wurde verhaftet. Ich sah ihn nie wieder … wenn diese Liebe so stark ist, dass sie selbst einen Nazi, einen Feind umkehrt, so sagte ich mir, ist sie die wahre revolutionäre Kraft, die die Menschen und die Welt neu machen kann."

Jean Goss führte nach dem Krieg dialogorientierte Versöhnungsaktionen und Seminare in verschiedenen Ländern durch, so zum Beispiel 1963 in Nordirland, 1972 in Jugoslawien, 1973 in Südafrika, anschließend im Libanon und in El Salvador. Geschichte gemacht hat auch sein Wirken in Asien, so zum Beispiel in den achtziger Jahren auf den Philippinen, Thailand, Bangladesch und Hongkong. Eines seiner letzten Projekte war die Friedensarbeit in Zaire 1990. Am 3. April 1991 starb er in Paris.

* * *

Eines Tages gossen einige Leute Schmähungen über Jesus aus, als der durch ihren Stadtteil ging. Aber er antwortete, indem er in ihrem Namen Gebete sprach. Jemand sagte zu ihm: „Du hast für diese Menschen gebetet. Fühltest Du denn keinen Zorn gegen sie?“ Er antwortete: „Ich konnte nur das ausgeben, was meine Börse enthielt.“

Farriduddin Attar, muslimischer Mystiker 1136–1221

„Die Tradition des Islam ehrt Jesus als einen großen Propheten. Daher ist der Hass radikaler Islamisten gegenüber den Christen ein Widerspruch gegen ihre eigene Tradition. Die Geschichte des muslimischen Dichters Attar ist letztlich eine Auslegung des Jesuswortes, von dem uns das Lukas Evangelium berichtet: „Selig sind die, die euch verfluchen; betet für die, die euch misshandeln.“ (Lukas 6,28) Jesus lässt sich von denen, die ihn schmähen, nicht seine Stimmung aufdrängen, sich nicht zum Zorn reizen. So gesehen gibt er ihnen keine Macht über sich. Er nimmt die Rolle des Beschimpften nicht an. Er bleibt bei sich – im inneren Frieden. Und er gibt das, was in seiner Börse – in seinem Herzen – ist: er betet für diese Menschen. Das Gebet und das Segnen sind eine aktive Energie, die Jesus gegen die negative Energie der Schmäher setzt. Durch die positive Energie ist er letztlich der Stärkere. Das Gebet gibt die Hoffnung, dass sich diese Menschen mit ihrer eigenen Wahrheit konfrontieren. Denn da er auf sie nicht so reagiert, wie sie es erwarten, werden sie auf sich selbst zurückgeworfen. Sie haben die Chance, sich ihrer eigenen Wahrheit zu stellen. Und Jesus vertraut darauf, dass sein Gebet die Menschen verwandelt, dass sie in Berührung kommen mit dem guten Kern in sich. Dann haben sie es nicht mehr nötig, ihn zu schmähen.“

Anselm Grün

1.3 *Wer Visionen hat…* Ein Dialog auf dem Nil zwischen Helmut Schmidt und Anwar as-Sadat

Der ehemalige deutsche Bundeskanzler **Helmut Schmidt** (rechtes Bild) galt als ein Macher der pragmatischen Politik. Religiöses oder gar visionäres Denken lag ihm fern. Von ihm ist der Spruch überliefert: „Wer Visionen hat, sollte zum Arzt gehen." Aber es gibt einen Tag in seinem Leben, der so gar nicht in dieses Bild passt.

Es ist die Nacht des 31. Dezember 1977, die Schmidt mit **Anwar as-Sadat** (linkes Bild) auf dem Nil verbringt. Helmut Schmidt kannte den ägyptischen Staatspräsidenten von mehreren Besuchen in Bonn. Nun machte der Bundeskanzler einen Gegenbesuch in Ägypten. Dem offiziellen Programm folgte eine private Fahrt auf dem Nil von Luxor nach Assuan. Im dritten Band seiner Memoiren schreibt Helmut Schmidt:

„Niemals vorher oder nachher habe ich mit einem ausländischen Staatsmann derart ausführlich über Religion gesprochen. Ich habe ihn geliebt. Wir waren bis auf zwei Tage gleichaltrig. Unsere nächtliche Unterhaltung auf dem Nil gehört zu den glücklichsten Erinnerungen meines politischen Lebens." (Zitiert nach Karl-Josef Kuschel, *Publik Forum* 24/2018)

Helmut Schmidt, der erfüllt war vom Zorn auf Religionsvertreter, die vieles dafür taten, Menschen der verschiedenen Religionen gegeneinander aufzuhetzen und dadurch permanent den Weltfrieden zu bedrohen, wurde zum Zuhörer. Sadat war tief verwurzelt in der islamischen Religion, aber er sah gleichzeitig die vielen Gemeinsamkeiten der drei monotheistischen Religionen Judentum, Christentum und Islam. Und er war erfüllt von den über 5000 Jahren ägyptischer Geschichte.

Nicht nur die Schöpfungsgeschichte und die Erzählungen über Moses, Noah und Abraham, sondern auch Jesus und Maria spielen im Koran eine wichtige Rolle. In diesem Gespräch wird Schmidt deutlich, dass der interreligiöse Dialog für eine Welt- Friedenspolitik eine hervorragende Bedeutung hat. Und vor allen Dingen in einer Region, die von unterschiedlichen religiösen Erfahrungen und Energien gleichzeitig durchtränkt und auch vergiftet ist. Sadats Plan war, auf dem Sinai ein gemeinsames Pilgerzentrum für Juden, Christen und Muslime zu errichten. Eine Synagoge, eine Kirche und eine Moschee wollte er nebeneinander bauen lassen, um den Menschen unterschiedlichen Glaubens einen gemeinsamen Ort der Begegnung und des Gebets zu stiften. Dieses Vorhaben wurde durch das tödliche Attentat auf Sadat im Oktober 1981 vereitelt.

1.4 *Was wollt ihr wirklich voneinander?* Ein Gespräch mit Marshall Rosenberg

Marshall B. Rosenberg wurde 1934 in Canton Ohio geboren. Er wirkte lange Jahre als klinischer Psychologe, bevor er als Konfliktmediator in Krisengebieten zu arbeiten begann. Er gründete das internationale Center for Nonviolent Communication in den USA. Die von ihm entwickelte Methode der Gewaltfreien Kommunikation (GFK) verbreitete er in den letzten Jahrzehnten weltweit. In zahlreichen Konflikten, aber auch bei Verhandlungsprozessen in Organisationen, zum Beispiel Unternehmen und Bildungseinrichtungen hat sich dieser Ansatz als sehr praxisnah erwiesen. Rosenberg starb 2015 in Albuquerque, New Mexico.

„Es gibt keine aussichtslose Situation"

Hartkemeyer: *Marshall Rosenberg, wie sind Ihre Erfahrungen mit dem Dialog in der Gewaltfreien Kommunikation?*
Rosenberg: Ich habe immer wieder beobachtet, dass Menschen verschiedener Kulturen sich in Streitgesprächen in erster Linie gegenseitig analysieren und bewerten. Das führt in der Regel zu Missverständnissen und Konflikten. In der Gewaltfreien Kommunikation arbeiten wir daran, die Wünsche und Bedürfnisse genauer zu klären, die hinter den oftmals erregten Ausbrüchen stecken und welche die Konflikte weiter verschärfen. Wir versuchen, unsere sprachliche Ausdrucksfähigkeit und unser Zuhören zu entwickeln.

Haben Sie ein Beispiel dafür, wie diese Art der Kommunikation wirkt? Wie können Widerstände oder gegenseitige Angriffe so genutzt werden, dass die Beteiligten voneinander lernen, anstatt einander zu bekämpfen?
Vor einiger Zeit habe ich mit einer Gruppe von Israelis und Palästinensern im Gebiet der West Bank zusammengearbeitet. Das Ziel war, einen Dialog zu beginnen und dadurch den Friedensprozess zu unterstützen. Aber zunächst ging es darum, dass die Gruppe überhaupt lernte, einander zuzuhören. Beide Seiten baten mich um Hilfe. Meine Einstiegsfrage an beide Gruppen war: „Was wollt ihr wirklich voneinander? Was würde es einfacher für euch machen, miteinander zu arbeiten?"

Der palästinensische Mukhtar, der Bürgermeister des Ortes, ging zwar auf meine Worte ein, war aber nicht in der Lage, sprachlich auszudrücken, was er wirklich wollte. Es fiel ihm allerdings leicht, die Israelis zu kritisieren, und er sagte zu ihnen: „Ihr benehmt euch hier wie die Nazis."

Sie können sich vielleicht vorstellen, dass dies für die Israelis nicht gerade wie eine Einladung klang, um sie für eine Zusammenarbeit zu gewinnen. Unmittelbar darauf reagierte eine Israelin in ähnlicher Weise. Sie machte im Prinzip dasselbe wie der Bürgermeister; anstatt zu sagen, was sie wollte, etwa: „Mir wäre es lieber, wenn Sie andere Worte wählen würden, wenn Sie mit uns sprechen", sagte sie: „Mukhtar, welche Taktlosigkeit, das zu sagen" – also wieder eine Bewertung statt eines klaren Wunsches.

Feindseligkeit breitete sich aus, statt dass man einer Übereinkunft, geschweige denn einer Zusammenarbeit näher gekommen wäre. Mit Hilfe der klaren Prinzipien der Gewaltfreien Kommunikation gelang es aber in dem folgenden Prozess, von den Urteilen und Bewertungen, die beide Gruppen über die andere hatten, zu Erwartungen und klaren Wünschen an die anderen zu kommen.

Wie kann es gelingen, in einer völlig verhärteten oder gar aussichtslosen Situation handlungsfähig zu bleiben?

Es gibt aus meiner Sicht keine aussichtslose Situation. Wir haben immer eine Wahl. In Hebron traf ich einen jungen Palästinenser, der sehr aufgebracht reagierte, als er dies von mir hörte und sagte: „Das glaube ich nicht!"

Er erzählte, dass ihm ein Soldat eine Pistole an den Kopf gehalten habe und ihm dabei befahl, sich auszuziehen. Ich fragte: „Was hast du getan?" Nachdenklich sagte er: „Ich habe mich entschieden, meine Ehre zu behalten, und habe mich nicht ausgezogen". „Also", sagte ich, „hat sich der Soldat entschieden, dich nicht zu erschießen – oder er war ganz offensichtlich ein schlechter Schütze."

Sie sagen, es gehe bei Ihrer Methode um die Kultivierung der „Sprache des Herzens". Was meinen Sie damit konkret?
Ich nenne diese Sprache auch die „Sprache der Giraffe". Die Giraffe hat das größte Herz aller Landtiere, ihr langer Hals ermöglicht ihr einen enormen Weitblick und sie gilt in vielen Kulturen als starkes und edles Geschöpf. Wenn wir im Training mit der Giraffe als Metapher arbeiten, können wir eher zu einer anderen Intention kommen. Wir können aufhören, andere Menschen zu analysieren und zu bewerten, und stattdessen von dem sprechen, was in uns vorgeht. Das bedeutet, wir verzichten als Erstes auf Be- oder Verurteilungen des anderen. Im Modell der Gewaltfreien Kommunikation versuchen wir, uns zunächst auf die reine Beobachtung des Geschehenen zu konzentrieren, dann sprechen wir die Gefühle aus, die dadurch in uns entstanden sind, als Drittes folgt das Erkennen und Benennen der dahinterliegenden Bedürfnisse, und der vierte Schritt ist, das zu sagen, was wir ganz konkret wollen.

Diese Kommunikation setzt anscheinend eine besondere Form der Bewusstheit und der Einfühlung, der Empathie, voraus. Aber gibt es nicht Dinge, die uns so stören oder gar verletzen, dass wir sie kaum aushalten und dieses Einfühlungsvermögen nicht mehr aufbringen können?
Die Gewaltfreie Kommunikation basiert auf dem, was wir „empathetic connection" („einfühlsame Verbindung") nennen. Ich nehme zunächst einmal an, dass jeder versucht, seine Bedürfnisse so weit wie möglich zu erfüllen. Wenn zum Beispiel jemand raucht, ist das aus dieser Sicht das Beste, was er für sich tun kann, auch wenn es mir definitiv nicht gefällt. Ich hatte mal einen Fall, wo es ständig Streit zwischen der rauchenden Tochter und ihrer Mutter gab. Während eines Seminars rief dann die Mutter in der Pause ihre Tochter an und

sagte ganz ernsthaft zu ihr: „Ich verstehe jetzt, das Rauchen ist das Beste, was du für dich tun kannst." Nach einer Schrecksekunde und irritiert darüber, ob es nicht doch ironisch gemeint sei, sagte die Tochter: „Da bin ich mir gar nicht so sicher." Nach einer langen Pause der Sprachlosigkeit und Abwehr kamen sie dadurch wieder ins Gespräch.

Wo sind denn die Grenzen dieser Art von Empathie? Wie ist es beispielsweise in Situationen, in denen Menschen böse oder gewalttätig handeln?

Um in einen wirklichen Dialog zu kommen, ist Empathie grundsätzlich überall notwendig. Ich arbeite auch mit Vergewaltigungstätern. Ich will sie wirklich verstehen lernen, und so fragte ich einen Mann einmal: „Was geht in dir vor, wenn du so etwas tust?" Niemand hatte diesen Mann je zuvor in dieser Form gefragt. Nach einer Weile antwortete er: „Ich tue das, weil ich Dreck bin." Ihm war sein Bedürfnis überhaupt nicht klar. Unser Dialog eröffnete ihm erstmals den Weg dahin zu erkennen, welche Bedürfnisse er hatte und was in ihm selbst lebte. Erst durch den Kontakt mit seinen wirklichen Bedürfnissen konnte ich anschließend die Bitte äußern: „Wärst du bereit, einen Weg zu suchen, wo deine Bedürfnisse erfüllt werden, ohne dass du dabei andere verletzt?" Unser Training führt dazu, die Bedürfnisse der Menschen hinter einer Aussage zu hören, ganz gleich, wie aggressiv die Aussage vordergründig ist. Wir müssen das fatale Spiel durchbrechen, bei dem es immer wieder um Recht oder Unrecht, falsch oder richtig geht. Erst dann kann es uns auch gelingen, die Gewaltkreisläufe zu durchbrechen, die sich daraus ergeben.

Was ist Ihre wichtigste Erfahrung von den unterschiedlichen Konfliktherden auf der Welt?

Immer wieder habe ich beobachtet, dass Handlungen, die aus dem Wunsch nach Bestrafung resultieren, auf der Gegenseite den Wunsch nach Vergeltung hervorrufen und dass Handlungen, die auf einem Bedürfnis nach Frieden beruhen, auf der Gegenseite zu friedlichen Handlungen führen.

Aber es ist doch manchmal auch notwendig, kurzfristig eine Bedrohungssituation zu beenden und für Sicherheit zu sorgen.
Natürlich können Maßnahmen des „protective use of force" („schützende Anwendung von Gewalt"), wie ich es nenne, ergriffen werden: zunächst also die Gewalttäter dingfest machen, um weitere Verbrechen zu verhindern. Letztendlich ist es aber wichtig, die Langzeitperspektive zu beachten und so zu handeln, dass wir Frieden und Sicherheit dauerhaft auf eine intelligentere Art als durch Drohungen und Waffen erhalten. Daher ist es notwendig, endlich damit zu beginnen, die Umstände zu verändern, die gewalttätigem Verhalten Vorschub leisten.

Was sagen Sie zum Begriff „Terrorismus"?
Das Wort ist kein „Giraffenwort". Es bringt das zum Ausdruck, was ich ein „Wolfs"-Konzept nenne. Hinter seiner Anwendung steckt eine Strategie: Es wird bewusst eine Distanz geschaffen zwischen „normalen Menschen" und „Terroristen". So wird verdeckt, dass auch diese Menschen, die als „Terroristen" bezeichnet werden, ein Bedürfnis nach Sinn haben. Hitler hat beispielsweise selten das Wort „Juden" benutzt. Er sprach lieber von Ungeziefer. Es legt nahe, dass Sauberkeit etwas Gutes ist und Ungeziefer dementsprechend etwas Schmutziges und damit Schlechtes. Der Begriff „Terrorist" wird ebenfalls in „antiseptischer" Absicht gebraucht. Er entmenschlicht die andere Seite. Die amerikanischen Bomberpiloten haben die Vietnamesen im Vietnamkrieg als Ziele nur

„Blibs" genannt, die auf den Radarschirmen erschienen, sie wurden damit verdinglicht und waren dann entsprechend leichter technisch zu eliminieren.

Trainieren nicht auch gewalttätige Videospiele eine frühe Einübung in diese Entfremdung – wie können wir im Erziehungsprozess damit umgehen?

Um solche Mechanismen zu vermeiden, müssen wir bereits in der Schule beginnen, Bewusstheit und Freiheit der Schüler zu entwickeln. Während meiner Schulzeit bin ich nie gefragt worden, was ich fühle oder brauche, sondern ich bin darauf trainiert worden herauszufinden, was der Lehrer denkt und von mir erwartet. Wir sollten heute in unseren Schulen solche Taktiken und methodischen Spielchen vermeiden. Machtkonzepte wie Belohnung und Bestrafung sind einfach überholt. Als ich einmal in einer Schule in das Rektorzimmer gebeten wurde, habe ich folgendes erlebt:

Ein großes Kind hatte auf dem Schulhof ein kleineres geschlagen. Der Rektor ging hinaus und ohrfeigte das große Kind mit den Worten: „Ich werde dir beibringen, dass man Kleinere nicht schlägt!" Ich sagte: „Ich glaube nicht, dass Sie ihm dadurch das beigebracht haben, was Sie gesagt haben. Außerdem möchte ich auf dem Nachhauseweg nicht das kleine Kind sein."

Es ist eine entscheidende Frage, ob ich mich für die Beweggründe desjenigen, der das tut, was er tut, interessiere. Will ich meine Macht durchsetzen, oder kann ich vielleicht sogar dem anderen helfen, seine eigenen Motive zu erkennen – über die er sich vielleicht noch nicht einmal im Klaren ist?

1.5 *Gewaltfreie Kommunikation und Dialog* Feedbackmodelle

Die „Sprache der Giraffen" zu sprechen, bedeutet im Modell der Gewaltfreien Kommunikation, klare Unterscheidungen zwischen Beobachtungen und selbst hinzugefügten Bewertungen zu treffen, eigene Gefühle zu erkennen und zu benennen, sich über erfüllte oder nicht erfüllte Bedürfnisse klarzuwerden und im Prozess einen konkreten nächsten Schritt vorzuschlagen, der als eine Bitte formuliert wird, die in einem überschaubaren zeitlichen Rahmen zu erfüllen ist (Vier-Schritte-Modell der Gewaltfreien Kommunikation):

1. Beobachtungen klar benennen (von Bewertungen unterscheiden),
2. Gefühle äußern,
3. Bedürfnisse formulieren,
4. Klare, erfüllbare Bitten äußern.

Im Dialog arbeiten wir mit einem vergleichbaren Feedback-Modell, dem eine Stufe zusätzlich eingefügt ist:

1. Daten nennen,
2. Gefühle beschreiben,
3. Annahmen und Interpretationen erläutern,
4. Wünsche und Visionen formulieren,
5. konkrete Bitte aussprechen.

In unserem Modell haben wir einen Schritt eingefügt, der dazu beiträgt, den Denkprozess bewusst zu machen, der in unserem Kopf abgelaufen ist: Der Blick auf eigene „Annahmen und Bewertungen", die den Gefühlen zugrunde liegen, die gleichsam den Boden bilden, auf dem sie wachsen. Auch David Bohm hatte die Vorstellung, dass Gefühle nicht das Abbild einer äußeren Wirklichkeit zeigen, sondern aufgrund von inneren Annahmen, Glaubenssätzen, Interpretationen und Schlussfolgerungen zustande kommen.

Zum Beispiel: Ich finde dein Benehmen unmöglich – das zeigt sich bei mir als Ärger. Oder: Du gehst so früh, nun bin ich ärgerlich, weil ich von dir Hilfe erwartet hatte.

Wir versuchen, beispielsweise mit Bildern (Leiter der Schlussfolgerungen) und Übungen deutlich zu machen, dass wir einen Anteil an der Entstehung unserer Gefühle haben, dass wir immer wieder eine Wahl haben und uns entscheiden können.

Das Gute im richtigen Moment

*Das meiste, was gesagt wird,
klingt wie ein fernes Echo.
Nur wenige Denkende sind weise genug,
frei genug von Vorurteilen und Überheblichkeit,
um neues Denken in sich entstehen zu lassen.
Der Körper ist ein offenes Gefäß,
wie eine Glocke, die zum Klingen gebracht wird.
Dieser Klang entfaltet sich in unterschiedlichen Formen
in Resonanz mit einer jeden neuen Erfahrungen und
Empfindung.
Die Eigenschaft des Gefäßes kann ein wenig unterschiedlich
sein, wie du weißt.
Wie kann der Himmel den Wert unserer Klänge ermessen?
Wesentlich ist: Wenn das, was du sagst oder tust
im richtigen Moment
für jemanden eine hilfreiche Bedeutung erhält.
Dann bist du von den Göttern begnadet.*

Hafis

1.6 *„Der Dialog kann therapeutisch wirken“*
Ein Gespräch mit Dan Bar-On

Ein einsamer Mensch folgert immer eins aus dem anderen und denkt alles zum Ärgsten.

Hannah Arendt, Ursprünge und Elemente totalitärer Herrschaft

Dan Bar-On wurde 1938 in Haifa geboren. Sein jüdischer Vater Hans Bruno, der aus Heidelberg stammte, hatte in Hamburg als Arzt gearbeitet. Er war bereits 1933, als die ersten diskriminierenden Nazigesetze seine Existenz bedrohten, nach Palästina ausgewandert. Anfang 1950 hebräisierte Dan Bar-On (geb. Bruno) seinen Namen im zwei Jahre zuvor gegründeten Staat Israel. Er studierte Psychologie und befasste sich mit der Therapie von Holocaust-Opfern. Nach seiner Promotion untersuchte er in einer Feldstudie die moralischen und psychologischen Nachwirkungen der NS-Diktatur bei Kindern von Nazi-Tätern. Später arbeitete Dan Bar-On als Professor für Sozialpsychologie an der Ben-Gurion-Universität in Beer-Sheva. Wegen seines Engagements für Frieden und Verständigung erhielt er im Jahr 2001 den Alexander-Langer-Preis und das Bundesverdienstkreuz, zwei Jahre später den Erich-Maria-Remarque-Friedenspreis der Stadt Osnabrück und 2005 den Victor-Goldberg-Preis für seine Friedensarbeit im Nahen Osten. Bar-On starb 2008 in Tel Aviv.

„Hinter jedem Täter stehen neun Zuschauer"

Hartkemeyer: *Herr Dan Bar-On, die* Last des Schweigens *lautet einer Ihrer Buchtitel. Sie setzen sich intensiv mit der engen Verstrickung von Täter und Opfer auseinander.*
Bar-On: Ich selbst wuchs ja gewissermaßen in einem Haifa der deutschen Kultur auf. In meiner Jugend habe ich meine eigene Herkunft verdrängt. Meine deutschen Wurzeln als Aspekt meiner Identität hatte ich als Teil meines Nazifeindbildes lange Zeit aus meinem Bewusstsein ausgeblendet. Erst 1973 habe ich mich im Rahmen einer Psychotherapie damit auseinandergesetzt. 1983 stieß ich während eines Forschungsaufenthaltes in den USA auf die Frage der psychischen Ver-

fassung der Täter-Kinder. 1985 kam ich nach Deutschland und führte mehr als 90 qualitative Interviews mit den mittlerweile erwachsenen Kindern von Nazitätern, um Erkenntnisse über die psychischen Folgen des Holocausts für diese Gruppe zu gewinnen. Für mich als Opferkind war meine persönliche Erfahrung in der Begegnung mit Täterkindern heilsam – unter Ihnen war auch Martin Bormann, der Sohn von Hitlers Stellvertreter. Ich übertrug meine Erfahrung 1992 in Wuppertal erstmals auf eine Dialogrunde mit Täter und Opferkindern.

Verstehen Sie den von Ihnen entwickelten To Reflect and Trust-Prozess *als eine neue Therapieform?*
Nein, er ist ein Dialogprozess, aber er kann natürlich therapeutische Wirkungen haben. Die Überlebenden des Holocaust waren in der Regel schwer traumatisiert. Das Verschweigen ihrer Verletzungen und Erniedrigungen war eine Strategie des Überlebens. Im Israel der 1950er und 1960er Jahre, in dem man sich stark fühlte, war außerhalb der offiziellen Gedenkrituale kein Platz für das Durcharbeiten des erfahrenen Leids. Auch im Land der Nazitäter war aus völlig anderen Gründen das Verschweigen eine Überlebensstrategie. Das Verleugnen der Verantwortung für den Massenmord bildete eine wesentliche Grundlage für die Maske der bürgerlichen Normalität. Verdrängung war im Land der Täter ein Element der offiziellen Kultur.

Das ist das, was Ralph Giordano als „zweite Schuld" betrachtet. Aus der Verleugnung wuchs die Unkenntnis über die vergangene Wirklichkeit.
Das ist ein erstaunlicher Prozess. Es gibt eine Befragung, nach der die Annahmen über das Verhalten der Eltern und Groß-

eltern umso irrealer sind, je höher der Bildungsstand der Jugendlichen ist. Die Befragten geben an, dass aus ihrer Sicht die Vorfahren entweder nichts über die Verbrechen gewusst hatten (49 Prozent), während etwa 16 Prozent davon ausgingen, dass sie Widerstand geleistet hätten, und nur elf Prozent der Befragten nehmen an, dass ihre Vorfahren mit dem Naziregime paktiert hatten. Eine völlige Fehlwahrnehmung der Verhältnisse.

Eine besondere Rolle spielen doch auch diejenigen, die nur zugeschaut haben?
Hinter jedem Täter stehen neun Zuschauer. Jeder spielt eine Rolle, die es erlaubt, dass der Täter die Tat vollbringen kann. Das war ja auch Goldhagens Hauptproblem in seinem Buch *Hitlers willige Vollstrecker*. In den Interviews wurde mehr Indifferenz als Hass gefunden. Aber die Nazis wussten diese Indifferenz zu instrumentalisieren.

Wie verlief der Prozess der Begegnung zwischen den Täter- und Opferkindern?
Die Kinder von Tätern und Opfern haben ja Phantasien übereinander. Die meisten sind voller Ängste zum ersten Seminar nach Düsseldorf gefahren. Denn ist es ja nicht leicht, sich mit einer solchen Erblast in einem Raum gegenüberzusitzen und mehrere Tage miteinander zu sprechen. Aber sie hatten die gemeinsame Hoffnung, dass es auch eine Chance oder gar Erlösung sein könnte, aus dem selbstgestalteten Gefängnis des Schweigens und der Sprachlosigkeit auszubrechen. Es war erleichternd, dass es trotz der unterschiedlichen Ausgangsbedingungen auch Gemeinsamkeiten gab. Dass auch Opferkinder Schuldgefühle hatten, nach dem Motto: „Warum habe gerade ich überlebt?" Oder Täterkinder, die nicht wissen

wollten, was die Eltern getan haben. Aber es gab auch Grenzsituationen. So sagte eine Jüdin: „Wenn jemand versucht hätte zu rationalisieren oder die Taten der Eltern zu relativieren, hätte ich das nicht ausgehalten."

Sie haben die Gruppe später mit Palästinensern erweitert.
Ja, zum Beispiel in einem Seminar in Hamburg. Es war ein schmerzhafter Prozess für die Opferkinder im Zusammensein mit den Palästinensern. Sie mussten die Erfahrung machen, dass Juden auch Täter sein können. Es ist außerordentlich verunsichernd, die stabile Struktur von Hass und Projektion plötzlich infrage gestellt zu sehen. Es geht ja auch um den inneren Dialog. Mitglieder verschiedener Gruppen konnten relativ leicht einen Dialog mit dem Opfer in sich führen. Aber es war viel schwieriger, in einen offenen Dialog mit sich selbst zu treten und diese beiden „Teilpersönlichkeiten" miteinander sprechen zu lassen. Ein solcher, innerer Dialog mit dem potentiellen Täter in uns könnte uns in unerwarteten Situationen verantwortlich handeln lassen.

Inwieweit lassen sich Erkenntnisse eines Gruppendialogprozesses auf gesellschaftliche Konfliktfelder übertragen?
Das ist zwar nicht ohne weiteres möglich, aber wir wissen, dass in manchen Konfliktherden der psychische Sprengstoff gewissermaßen in den Köpfen und Herzen liegt. Und das nicht selten seit Generationen. Das Feuer solcher Konflikte wird durch Mythen, Ängste, Misstrauen und tradierte Demütigungen in Gang gehalten. Deshalb muss die Durcharbeitung auch auf individueller Ebene erfolgen. Das erstaunlich Wirkungsvolle der Dialogprozesse war die Idee des „storytelling", das gegenseitige Erzählen der Lebensgeschichten. Zuhören half, die eigenen Gefühle, aber auch die der ande-

ren besser zu verstehen. Das Wissen und Mitfühlen mit dem Leid des anderen schafft die Basis für einen Dialog. Im Hamburger Seminar, wo wir mit Menschen aus den verschiedenen Konfliktfeldern zusammen im Dialogprozess saßen und die schrecklichsten Geschichten von Erniedrigung und Verfolgung anhörten, brachen schließlich Mauern. Das gemeinsame Zuhören, Weinen und Trösten ließ neue Brücken entstehen.

Führt der Dialogprozess zur Persönlichkeitsveränderung?
Mittlerweile schreibe ich das Wort „Persönlichkeit“ mit Anführungszeichen, weil ich mir nicht sicher bin, ob es sich nicht um eine schöne Illusion handelt. Wir beschreiben damit eine innere Struktur, die vielleicht gar nicht existiert, es uns aber ermöglicht, uns als integrativ, kohärent und kontinuierlich zu begreifen. Deshalb könnte man vielleicht das Konzept der Identität zugunsten des Konzepts der Biografie aufgeben. Statt einer angeblich objektiven Struktur, die konsistent und dauerhaft im Individuum existiert, kann ein subjektiver Prozess beschrieben werden. Und dieser Prozess muss im Hinblick auf Vergangenheit und Zukunft auch immer wieder neu beschrieben werden. Reale Erlebnisse und Erfahrungen verändern immer wieder die Interpretation dessen, was ist.

Sie haben von der monolithischen Identität gesprochen und dabei auch die kollektive Identität der Israelis hinterfragt.
Ja, das führt gewissermaßen zum monolithischen „Allerheiligsten“. Denn wenn es ein Thema gibt, dass die israelische Identität bis heute prägt, ist es die absolut negative Einstellung zu den Nazis, die ja die europäischen Juden weitgehend vernichtet haben. Sie liegen gewissermaßen außerhalb des

menschlichen Spektrums. Und es erlaubt dem israelischen Kollektiv, sich weiterhin als „absolut gut" zu definieren, im Gegensatz zum „absolut Bösen", das sich durch Raub und Mord gegenüber den Juden auszeichnete. Aber in meiner eigenen Biografie hatte ich Erlebnisse, die dazu führten, dieses „absolut Gute" als etwas Böses wahrzunehmen.

Ein solcher Transformationsprozess zur differenzierten Wahrnehmung braucht Zeit.
Wenn alles so optimal verliefe, dass man den monolithischen Aspekt abstreifen könnte wie eine Schlange die Haut, wenn sie ihre Funktion nicht erfüllt, wäre es einfach. Aber ein Transformationsprozess braucht Zeit und einen geschützten Raum; wie einen Kokon.

Im Dialogverfahren sprechen wir von einem Vertrauensraum oder „Container".
Und es braucht den richtigen Zeitpunkt. Wir sind in der Regel nicht fähig, die Auflösung des Monolithischen zu ertragen, wenn unser inneres Sicherheitsgefühl noch nicht etabliert ist. Aber hier liegt noch viel praktischer Forschungsbedarf über Dialogprozesse sowohl in Individuen als auch in Gruppen und Gesellschaften.

Dem Dialog wird häufig unterstellt, er sei weich und brauche unendlich viel Zeit.
Manche Menschen suchen nach Autoritäten und wollen Dinge beschleunigen. Die angebliche „Weichheit" und „Langsamkeit" des Dialogs ist eine völlige Unterschätzung von tiefen Prozessen. Wenn wirklich Veränderungen erreicht werden sollen, erlebt man immer wieder, dass im Hintergrund ein Antreiber aktiv ist, der den „Andern" als „absolut böse"

diffamiert. Die monolithische Aggression ist immer laut und unüberhörbar. Man darf Rigidität nicht mit Stärke verwechseln und Weichheit nicht mit Schwäche. Ich habe erfahren, dass das persönliche Gespräch oder ein Interview die Einleitung eines Dialogs über die Konstruktion der eigenen Identität sein kann. Auch über die identitätsbildenden Elemente, die verschwiegen werden. Wirkliche Veränderungen haben ihre eigene Zeit.

Inwieweit kann der Dialogprozess zu einer Versöhnung führen?
Den Begriff „Versöhnung" halte ich grundsätzlich für ein emotional gefärbtes religiöses Konzept. Es wurde in die Sozialwissenschaft eingebracht, um Schlüsselfragen zu klären, die bislang die rein akademischen Konfliktlösungsstrategien nicht klären konnten. Man kann aber diese vielleicht etwas idealisierten Vorstellungen auf eine praktische Ebene bringen. Für mich sind zum Beispiel zum Beispiel Elemente wichtig wie Vertrauen, Reflexionsvermögen, subjektive Sprache, das richtige Zeitmaß.

Die Entwicklung des Friedensprozesses in Israel liegt nach dem hoffnungsvollen Auftakt durch den Oslo-Prozess praktisch auf Eis. Was sind die Ursachen?
Es wurden zwar Top-down-Vereinbarungen getroffen, aber es fehlte der Bottom-up-Versöhnungsprozess zwischen den Menschen, der Zeit erfordert. Vertrauen und Reflexion auf basisdemokratischer Ebene waren von den Politikern nicht eingeplant. Es waren nicht, wie die Oslo-Architekten angenommen hatten, die friedenswilligen Kräfte, die sich gegenseitig stärkten, sondern die Extremisten. Aus meiner Sicht waren beide Seiten noch nicht reif, in eine dialogische Phase der kollektiven Identitätskonstruktion einzutreten.

Auch in Deutschland gibt es nach dem Fall der Mauer Probleme mit dieser Identitätskonstruktion.
Die Ostdeutschen stellten fest, dass sie nicht nur keine alternative Identitätskonstruktion hatten, sondern auch arbeitslos waren. Es ist deshalb kein Wunder, dass viele junge Leute in Ostdeutschland die verlorene „Stärke", die monolithische Konstruktion ihrer Identität, bei den Neonazis suchen. Denn diese extremistischen Gruppen bieten ihnen „andere" an, die sie hassen können und im Gegensatz zu denen sie ihre Identität konstruieren können.

Wie können aus Ihrer Sicht die unterschiedlichen Dialogprozesse und Ansätze voneinander lernen?
Man darf nicht nur die Ergebnisse von Gruppenprozessen betrachten, sondern muss auch die Qualität des Prozesses sehen, wie und was gelernt wird. So ist es nicht leicht, Mikroprozesse auf die Makroebene zu übertragen. Die Wahrheitskommissionen in Südafrika aber sind ein ausgezeichnetes Beispiel, wie sich die Vergangenheit durch eine Transformation in eine neue gemeinsame Zukunft integrieren lässt. In Deutschland wurde die Vergangenheit 30 bis 40 Jahre lang verdrängt, aber sie ist noch ganz präsent.

Vielleicht ist aber auch die afrikanische Tradition des Geschichtenerzählers ein Element des Erfolgs. Es ging ja auch dort darum, die Leidensgeschichte der anderen Seite anzuhören. Zugehört haben aber nicht nur die Wahrheitskommissionen, sondern das ganze Land. Inwieweit können Auflösungsprozesse eines – wie Sie sagen – monolithischen Bewusstseins, eines stabilen Feindbildes, auf Dauer wirksam sein?
Das ist eine schwierige Frage. Denn es gibt immer wieder die Rückfallgefährdung, die alte monolithische Identität wieder-

herzustellen. Ein stabiles Feindbild ist bequem. Der Schuldige, der Andere, das ist sehr angenehm, um eigene ungelebte Energien abzuleiten. Ich war Ende der 1980er Jahre in New York und erlebte nach dem Zusammenbruch des Ostblocks, dass der plötzliche Verlust des eingeschworenen kommunistischen Feindes ein Stressfaktor für die US-amerikanische Identität war. Man versuchte, überall Anzeichen für ein Fortbestehen des Kommunismus zu finden. Man suchte nach einem neuen „Anderen", auf den sich die Muster übertragen ließen, die man zur Bewahrung der monolithischen Phase des Kalten Krieges gepflegt hatte. Das Fernsehen zeigte, wie japanische Autos als Feinde der amerikanischen Autoindustrie zerschlagen wurden. Aber die Japaner eignen sich nicht mehr so sehr dazu, diese Rolle zu erfüllen. Anders wurde es nach dem schrecklichen Attentat vom 11. September 2001. Die islamischen „Gotteskrieger", die man einst als nützliche Verbündete gegen den ehemaligen „bösen Anderen", die Sowjetunion, betrachtet hatte, eigneten sich jetzt sehr gut, die Rolle des „bösen Anderen" einzunehmen und dadurch das alte dichotome Weltbild zu stabilisieren.

Wieso halten viele Menschen an festgefahrenen Weltbildern und an der Teilung in Gut und Böse fest?

Für viele Menschen ist die mangelnde Klarheit mehrdeutiger Situationen kaum zu ertragen. Deshalb kehren manche Menschen wieder zu fundamentalistischen Religionen zurück, schließen sich Sektierern an, melden sich bei Sicherheitskräften, damit die Spaltung Gut (wir) und Böse (die anderen) aufrechterhalten werden kann. Da hat es ein Dialog schwer. Aber es gibt zunehmend Menschen, die sich aus einer als aufgezwungen empfundenen monolithischen Phase befreien wollen, um sich und die Umwelt besser zu verstehen. Zwar leiden auch sie wahrscheinlich unter der Mehrdeutigkeit. Aber sie suchen den Dialog als neue Denkform. Dort können sie neue Fragen stellen. Wer bin ich? Wo komme ich her? Wo gehe ich hin? In welcher Wirklichkeit lebe ich, wenn ich sie nicht mehr nur nach schwarz und weiß einteile? Nach welchen Regeln funktioniert die Welt, wenn nicht nach der schlichten Regel Gut gegen Böse?

* * *

Vor allem im Hinblick auf die verändernde Kraft des Zuhörens etwa beim gemeinsamen Erzählen von Lebensgeschichten weist der von Dan Bar-On entwickelte Prozess des To Reflect and Trust Ähnlichkeiten mit dem Dialogverfahren auf. Zwischen Menschen, die etwa durch die Barrieren des traumatisierenden Holocaust-Erbes in unterschiedlicher Weise – zum Beispiel als Opfer- und Täterkinder – gezeichnet sind, kann es so zum Bewusstwerden und Aufbrechen der „monolithischen" Identitäten („Ich bin absolut gut – du bist absolut böse") kommen. Die Lebensgeschichte des anderen zu hören, sich ihm damit vorbehaltlos zuzuwenden kann zur Basis werden für ein Verständnis des Andersseins und kann den Blick dafür weiten, die Unterschiedlichkeit als Bereicherung zu erleben und nicht als Bedrohung, neugierig zu werden auf Fremdes, sich für die „anderen" zu interessieren.

1.7 *Waaas?* Die Streiche der Erinnerung

Der Psychoanalytiker Erich Fromm sagte einmal, dass eine kausale Erklärung nach dem Motto: „Ich habe dies oder jenes, weil …" keinerlei heilenden Wert habe; selbst wenn man wüsste, warum etwas geschah, ändere sich durch dieses Wissen allein noch gar nichts.

„Auch wenn es vielleicht nicht ganz einfach zu verstehen ist, so möchte ich doch die Aufmerksamkeit auf folgenden Unterschied lenken: Wenn ich in mir etwas erfahre, das verdrängt war und plötzlich auftaucht, so dass ich seiner gewahr werde, dann ist dies etwas völlig anderes, als historische Rekonstruktionen darüber anzustellen, wie dieses oder jenes sich ereignete. Weil aber diese ursprünglichen Erfahrungen so selten wiedergefunden werden, so dass sie im wahren Sinne des Wortes wieder in Erinnerung ‚gerufen' sind, gibt man sich mit einer Konstruktion zufrieden: Es muss so etwas stattgefunden haben, es hat vermutlich stattgefunden – und weil es stattgefunden hat, bin ich so oder so geworden. In Wirklichkeit ist ein solcher Rekonstruktionsversuch völlig nutzlos. Wenn jemand am Ertrinken ist und die Gesetze der Schwerkraft kennt, dann ertrinkt er dennoch…" (Erich Fromm, *Von der Kunst des Zuhörens. Therapeutische Aspekte der Psychoanalyse*, München 1994)

Auf der anderen Seite gibt es dieses Leitwort:

„Das Geheimnis der Erlösung … ist die Erinnerung." – So lautet die Inschrift der Holocaustgedenkstätte Yad Vashem.

Was stimmt?

Können verschiedene Wahrheiten zutreffend sein?

„Das Gegenteil einer richtigen Behauptung ist eine falsche Behauptung. Das Gegenteil einer tiefen Wahrheit kann ebenfalls eine tiefe Wahrheit sein", sagte der deutsche Physiker Werner Heisenberg.

„Wer von euch ohne Sünde ist,
der werfe den ersten Stein."

Johannes 8,7

1.8 *Du sollst leben!* Der Dialog mit dem Hitlerjungen Salomon

Es ist Montagmorgen um acht Uhr. Der Vortragsaal der Volkshochschule ist bis auf den letzten Platz mit jungen Menschen besetzt. In der letzten Reihe flätzen sich acht Oberschüler auf ihren Stühlen. Die Springerstiefel weit nach vorne geschoben, die Arme demonstrativ desinteressiert vor der Brust verschränkt, die Glatzen glänzen.

Sally Perel, ein kleiner alter Mann mit freundlich lächelnden Augen tritt ein und setzt sich auf einen Stuhl. Er stellt sich vor:

„Ich bin der Jude Salomon aus Braunschweig und war der Hitlerjunge **Sally Perel.**“

Sally erzählt, wie er als Junge mit seiner Familie vor den Nazis flüchtete, und sich schließlich in Polen gerettet glaubte, bis die Wehrmacht Polen besetzte, er seine Eltern verlor und von den Nazis aufgegriffen wurde. Vor dem Erschießungskommando rettete er sich durch die Lüge, er sei ein Volksdeutscher aus dem Baltikum. Er wurde von der Wehrmacht als Dolmetscher eingesetzt, wegen seiner Tapferkeit gelobt und schließlich zur weiteren Ausbildung auf eine Führerschule der Hitlerjugend nach Deutschland geschickt. Sein Geheimnis musste er unter Todesgefahr bewahren. Schließlich bildete er zwei Identitäten heraus. Er kann sich über die Siege der Wehrmacht freuen und leidet gleichzeitig unter dem fürchterlichen Schicksal seiner Eltern in der NS-Vernichtungsmaschinerie: „Nachts weinte ich nach innen", sagt Sally Perel.

Die Jungen in der letzten Reihe wechseln nach und nach aus ihrer betont desinteressierten Haltung. Einige kann man buchstäblich zuhören *sehen*. Gebannt schieben sie ihren Oberkörper nach vorn und stützen ihren Kopf auf ihre Hände.

Sally beendet seine Geschichte. Stille breitet sich aus. Fragen entwickeln sich. Einige Bücher mit Sallys Geschichte liegen aus. Drei aus der letzten Reihe kommen langsam nach vorn. Der Gesprächsleiter wird etwas nervös. Sally schaut auf. „Würden Sie mir da was reinschreiben, bitte?", sagt der mutigste der drei und hält ein Buch in der Hand. „Gern", strahlt Sally mit seinen freundlichen Augen und gibt dem jungen Mann seine Hand.

Sally (Salomon) Perel wurde 1925 in Peine geboren. Durch die antijüdische Diskriminierungspolitik der Nazis, bei der auch ihr Schuhgeschäft verwüstet wurde, sah sich die Familie gezwungen, 1935 nach Łódź in Polen auszuwandern. Im Zuge des Überfalls der deutschen Wehrmacht auf Polen im Jahre 1939 und der anschließenden Aufteilung Polens zwischen Deutschland und der UdSSR, gelang es Sally

Perel in den sowjetischen Teil Polens, zu fliehen. Während sein Vater ihm das Motto mitgab, seine jüdische Herkunft nicht zu vergessen, schärfte ihm seine Mutter ein: „Du sollst leben!“ Im Zuge des Überfalls der deutschen Armee auf die Sowjetunion wurde Sally von der Wehrmacht gefangen genommen. Er verleugnete seine Herkunft, nannte sich Josef Perjell und wurde als Übersetzer eingesetzt. Der Hauptmann von Münchow wollte ihn adoptieren und schickte ihn auf die Akademie für Jugendführung der Hitlerjugend in Braunschweig. Dort wurde er vom Rassenkundelehrer als Angehöriger der baltischen arischen Rasse, aber nicht als Jude identifiziert. Zwischen der Angst, dass seine Beschneidung aufgedeckt wurde und den Einflüssen der intensiven NS-Propaganda bildete er eine gespaltene Identität heraus.

Nach einer Herzoperation im Jahre 1985 entschloss er sich, ein Buch mit seiner Geschichte in deutscher Sprache zu schreiben – weil, wie er betonte, der verborgene Hitlerjunge Jupp aus ihm herauswollte. Das Buch *Ich war Hitlerjunge Salomon* wurde verfilmt und für den Oscar nominiert. Ab den neunziger Jahren erzählte er seine Erlebnisse vor allen Dingen vor Schülern und Jugendlichen. Allein die Volkshochschule Osnabrück organisierte Veranstaltungen für insgesamt mehr als 10 000 Beteiligte.

* * *

„… nachts weinte ich nach innen“
Ein Gespräch mit Sally Perel

Hartkemeyer: *Sally, Du hast erst sehr spät begonnen, von Deinen unglaublichen Erfahrungen zu berichten. Woran lag das?*
Perel: Eigentlich wollte ich nicht an die tragischen Erlebnisse in meiner Vergangenheit erinnert werden. Ich wollte sie verdrängen und vergessen. Aber das ist mir nicht wirklich gelungen. Außerdem habe ich mich gefragt, kann ich mich wirklich mit den Opfern des Holocausts vergleichen? Schließlich hatte ich überlebt – im Gegensatz zu vielen Widerstandskämpfern, den Gefangenen in den Konzentrationslagern und Ghettos. Das waren für mich wirkliche Helden. Aber schließlich hatte sich das Trauma, dass ich verdrängen wollte, in eine Bombe verwandelt, die jederzeit explodieren konnte.

Was war das besonders Belastende für dich?

Das in mir zwei verschiedene Persönlichkeiten schlummern. Einmal der Judenjunge Sally und andererseits der Hitlerjunge Jupp. Schließlich hat der Jupp den Sally geschützt. Natürlich dominiert heute der Jude Sally. Aber der kleine Jupp ist immer noch etwas in mir dringeblieben und es gelingt mir nicht, ihn ganz loszuwerden. Weil er mich vor dem Holocaust gerettet hat, bin ich jemanden dankbar, den ich eigentlich hassen müsste. Manchmal ertappe ich mich, wenn ich spüre, dass auch noch einige politische Meinungen des Jupp wieder hochkommen. So zum Beispiel, wenn ich mich über eine starke jüdische Lobby im US Senat ärgere.

Wie hast Du Dich überhaupt in einen Hitlerjungen verwandeln können?

Bei Minsk wurde ich von der deutschen Wehrmacht mit tausenden anderen Menschen zusammengetrieben. Ich stand in einer Reihe vor den Offizieren, die Juden und sowjetische Politoffiziere aussortierten. Aus dem Wald hörte ich Schüsse und konnte mir denken was geschah … Vorsichtig ließ ich meine Papiere auf den Acker fallen und begrub sie mit meinem Stiefelabsatz. Schließlich stand ich vor dem Offizier und sah auf dem Koppelabsatz die Inschrift „Gott mit uns". In diesem Moment erinnerte ich mich an den Spruch meiner Mutter: „Du sollst leben!" Und auf die Frage des Offiziers, ob ich ein Jude sei, hörte ich mich auf Deutsch mit fester Stimme sagen: „Ich bin doch kein Jude. Ich bin Volksdeutscher!" Das krempelte mein Leben um. Ich wurde als Übersetzer in der deutschen Wehrmacht eingesetzt. Dann kam ich in die Führerschule der Hitlerjugend.

Wie hast du das überhaupt aushalten können?

Ich glaube, das schafft man nur, wenn man noch ganz jung ist. Ich musste schwer kämpfen, um mein inneres Gleichgewicht ausbalancieren zu können. Wenn ich als Jupp zu tief erschüttert wurde, habe ich mich auf dem Klo eingeschlossen und geheult. Mir wurde immer klarer, dass ich eins werden musste mit dem Feind. So intensiv kann man kein Theater spielen. So habe ich dann auch nach der verlorenen Schlacht bei Stalingrad mit meinen damaligen Kameraden verzweifelt geweint.

Was ist aus deinen Eltern geworden?

Mit der HJ-Uniform bin ich Weihnachten 1943 auf der geschlossenen Straßenbahn durch das Ghetto von Łódź gefahren, um meine Eltern zu suchen. Immer wieder. Und schließlich habe ich durch den Ghettozaun eine Frau gesehen und ich glaubte, dass es meine Mutter war. Aber ich habe mich nicht getraut zu rufen. Meine Schizophrenie ging noch weiter.

Ich hatte ein volksdeutsches Mädchen kennen gelernt, mit dem ich Silvester feierte. Man muss sich vorstellen, dass ich am Tage voller Verzweiflung durchs Ghetto fuhr und abends tanzte.

***

1.9 *Ich würde mein Leben für ihn geben!* Ein Pastor und ein Imam im Einsatz für den Friedensdialog

Im September 2016 fand zum ersten Mal der Gipfel für Friedens-Aktivisten aus aller Welt in Paretz bei Berlin statt. Fast unbemerkt von der Öffentlichkeit arbeiten die Teilnehmerinnen seit Jahren für das, was derzeit in weiter Ferne scheint: eine friedliche Welt. Tobias Hartkemeyer war als Dialogprozess-Begleiter am Global Peacebuilder Summit beteiligt und begeistert vom Engagement der Friedensstifterinnen und -stifter, die trotz ihrer schweren Arbeit den Sinn für Humor nicht verloren haben. Unbearbeitete und eskalierende Konflikte rufen unendliches menschliches Leid und kaum zu beziffernde Kosten hervor. Auf dem Peacebuilder Summit lernte er den Priester **James Wuye** und den Imam **Muhammad Ashafa** (im Bild links) kennen. Sie beide verbindet eine tiefe Freundschaft und eine sehr bewegende Geschichte.

Der Priester James Wuye aus der Millionenstadt Kaduna in Nigeria führte evangelische Jugendverbände an, die sich heimlich bewaffneten. James' Leute spürten eines Tages einen alten Sufi-Weisen auf. Sie warfen ihn in einen Brunnen und ließen so lange dicke Steine auf ihn herabprasseln, bis er starb. Dieser Sufimeister war der spirituelle Lehrer vom Imam Ashafa gewesen. Er hatte für Ashafa alles bedeutet.

Um ihn zu rächen, machte der Imam Muhammad Ashafa mit seinen Milizen Jagd auf den Priester. Dabei wurde dem Priester der rechte Unterarm mit der Machete abgehackt und sein Leibwächter getötet.

Eines Tages begegnete der Pastor einem weisen Geistlichen, der zu ihm sagte: „James, ich weiß, wie es in Deinem Inneren aussieht. Du bist von Hass vergiftet. Aber wenn Du Muslime für den christlichen Glauben gewinnen willst, dann musst Du Deine Liebe für sie entdecken. Du kannst nicht jemandem predigen, den du verabscheust!" Mit diesen Worten ließ er ihn stehen.

James fühlte sich, als hätte ihn der Blitz getroffen. Von da an gelang es ihm, seinen Groll loszulassen und Ashafa mit anderen Augen zu sehen. Auch Ashafa gelang es, entscheidende Schritte auf James zugehen. Wie auch bei James war es sein Glaube, der Ashafas Augen und Herz öffnete. Der Imam sprach darüber, wie nicht die Gewalt, sondern die Liebe gewinnt.

Heute geben sich die beiden Männer die Hand. Einer würde für den anderen sein Leben hingeben. Im Tandem organisieren James und Ashafa, der Pastor und der Imam, heute unter härtesten Bedingungen gemeinsam erfolgreiche Dialogrunden zwischen den Konfliktparteien in Nigeria.

* * *

Zwischen unseren Polen

Wem
Kann ich
Die Geheimnisse der Liebe sagen?

Wer hat sein Leben
Nicht auf eine gepolsterte Zelle beschränkt?

Schau dir
Die Natur des Flusses an.
Seine Größe, seine Kraft, seine Fähigkeit zu geben
Werden oft gemessen an seiner Breite,
Seiner Strömung.

Auch Gott
Bewegt sich zwischen unseren Polen,
in unserer Tiefe.
Er fließt und sammelt Kraft zwischen
Vergebung und
Mitgefühl
In unserem Herzen.

Wem
Kann ich sie sagen,

Wem kann Hafis heute Nacht
Alle Geheimnisse
Der Liebe sagen?

Hafis

Kapitel 2

Brüche und Grenzen des Dialogs

Ihr habt gehört, dass gesagt worden ist:
Du sollst deinen Nächsten lieben und deinen Feind hassen.
Ich aber sage euch: liebt eure Feinde und betet für die, die euch verfolgen,
damit ihr Söhne eures Vaters im Himmel werdet;
denn er lässt seine Sonne aufgehen über Böse und Gute,
und er lässt regnen über Gerechte und Ungerechte.
Wenn ihr nämlich nur die liebt, die euch lieben,
welchen Lohn könnt ihr dafür erwarten?

Bergpredigt, Matthäus 5,43–48

2.1 Gespräch mit Klaus Maria Brandauer *Ich weiß, dass ich auch mit Nero, Stalin und Hitler verwandt bin*

„Ich bin zutiefst davon überzeugt, dass alle, die gelebt haben, die jetzt leben und leben werden, meine Brüder und Schwestern sind. Das Erstaunliche ist, dass die meisten Menschen immer hoffen, dass sie mit Mutter Teresa verwandt sind. Ich weiß aber, dass ich auch mit Nero, Stalin und mit Hitler verwandt bin. Und nur dadurch bin ich in der Lage, meinen Beruf tatsächlich auszuüben." Der Schauspieler **Klaus Maria**

Brandauer hat in seinen Erinnerungen mit diesen Worten beschrieben, wie diese Einfühlsamkeit für das Fremde für ihn, den profilierten Charakterdarsteller, die Grundlage zur Darstellung schwieriger Charaktere ist. Das Wissen um die Vielschichtigkeit der menschlichen Person wird uns zwar nicht allesamt zu Spitzenschauspielern machen. Vielleicht ermöglicht es uns aber einen anderen Zugang zu verborgenen Potenzialen und ermutigt zumindest zum Ausprobieren anderer Verhaltensweisen:

„Es gibt kaum eine Persönlichkeit, von der ich nicht sagen würde: Das könnte auch ich sein. Selbst wenn diese Figur Dinge tut, die ich nie tun würde, ist es dennoch meine Aufgabe, so tief in mir zu suchen, auch in allen Niederungen meines Charakters, bis ich sagen kann: Na ja, unter gewissen Umständen könnte ich auch so handeln wie die betreffende Figur", so Brandauer.

Wie beurteile ich mich, wie beurteile ich andere?

Welche meiner Schattenseiten verdamme ich bei anderen, welche „vergolde" ich, um was beneide ich andere?

Wie viel Einfühlungsvermögen und Verständnis kann ich entwickeln?

* * *

2.2 *Mein lieber Freund* Gandhis Dialogversuch mit Hitler

Trotz der eindeutigen Ansage in der biblischen Bergpredigt wird es den meisten Menschen heute unverständlich erscheinen, dass ein Mann wie **Mahatma Gandhi**, der sich dem Frieden und dem Pazifismus verschrieben hat, in den 1930er Jahren einen Brief an Hitler schreiben konnte. Ja es wird sogar auf viele verstörend wirken, dass er ihn im Jahre 1939 noch mit „Lieber Freund" anspricht, und den Brief mit „Ich bleibe ihr ergebener Freund" schließt. Aber Gandhi war radikal in seinem Pazifismus und gewann mit dieser Haltung tausende von Kämpfen, ohne einen Krieg führen zu müssen. Seine mentalen Fähigkeiten, seine außergewöhnliche Disziplin sowie seine interpersonale Intelligenz, die ihn zum begnadeten Dialogiker machten, kannten kaum Grenzen, wenn es darum ging, mit unterschiedlichsten Menschen und mit ganz verschiedenen Weltanschauungen in Beziehung zu treten.

In seinem Brief an Hitler schreibt Gandhi:

„Lieber Freund,
einige meiner Freunde haben mich dazu gedrängt, Ihnen einen Brief im Namen der Menschheit zu schreiben. Jedoch habe ich mich bisher dagegen gewehrt, da ich das Gefühl hatte, dass jeder Brief von mir als eine Dreistigkeit aufgefasst werden könnte. Etwas in mir sagt allerdings, dass ich mein Zögern hinter mir lassen und meine Bitte an Sie richten soll, was auch immer diese Bitte wert sein mag. Es ist offensichtlich, dass Sie heute die eine Person auf dieser Welt sind, die einen Krieg verhindern kann, welcher unsere Menschheit in den Status der Unzivilisiertheit zu stürzen droht. Wollen Sie für Ihre Sache wirklich diesen hohen Preis auf sich nehmen, ganz gleich, wie wertvoll sie Ihnen auch erscheinen mag?

Werden Sie der Bitte von jemandem Gehör schenken, der willentlich die Methode des Krieges abgelehnt hat – und das nicht ohne Erfolg? In jedem Fall möchte ich Sie um Vergebung bitten, falls ich mich in meinem Schreiben an Sie geirrt habe.

Ich bleibe
Ihr ergebener Freund“

* * *

2.3 *Lizenz zum Töten?* Der tödliche „Dialog“ von Srebrenica

Fürchtet euch also nicht! …
Ich bin nicht gekommen,
euch den Frieden zu bringen,
sondern das Schwert!

Matthäus 10,34

Darf man sich auf einen Dialogversuch mit einem Menschen einlassen, bei dem man das Gefühl hat, dass dieser ihn nur benutzen will, um selbst gut dazustehen, um im schlimmsten Fall unmittelbar danach ein Verbrechen an den eigenen Schutzbefohlenen verüben zu können?

Das Massaker von Srebrenica, das in den Tagen ab dem 14. Juli 1995 verübt wurde, gilt als schlimmstes Kriegsverbrechen in Europa nach den Massenerschießungen durch die Nazis im Zweiten Weltkrieg. Dabei wurden rund 7800 unbewaffnete muslimische Männer und Jungen im Alter zwischen zwölf und 77 Jahren ermordet.

Im April 1994 hatten die Vereinten Nationen sechs von Serben belagerte Städte in Bosnien, darunter auch Srebrenica, zu Schutzzonen erklärt. Zu deren Schutz wurden allerdings keine Kampftruppen, sondern UN-Blauhelme, in diesem Fall niederländische Luftlandetruppen (Dutchbat), eingesetzt. 450 Soldaten, ausgerüstet mit leichten Waffen zu ihrem eigenen Schutz, standen unter dem Befehl des niederländischen Bataillonskommandeurs Oberstleutnant Thomas Karremans. Zuvor hatten die UN-Blauhelmsoldaten die Verteidiger Srebrenicas entwaffnet und damit die volle Verantwortung für die Sicherheit dieses Ortes übernommen. Am 11. Juli 1995 überschritten die Freischärler des serbischen Generals Ratko Mladic die Grenzen der Schutzzone.

Am nächsten Tag, dem 12. Juli, entstand ein Bild, welches später um die Welt ging: der serbische General und der niederländische Oberstleutnant stehen zusammen und stoßen scheinbar gut gelaunt mit einem Glas Sliwowitz an.

Nach den Ermittlungen des UN-Kriegsverbrechertribunals fiel die Entscheidung zum Massaker bei den serbischen Söldnern zwischen dem zweiten und dritten Treffen der beiden Offiziere, in der Nacht vom 11. auf den 12. Juli.

Gleichzeitig entstand ein Video vom wahrscheinlich ersten Treffen, in dem Mladic Karremans zur Begrüßung anbrüllt: „Spinnen Sie nicht rum! Haben Sie befohlen auf meine Armee schießen zu lassen?" Und der Niederländer druckst eingeschüchtert: „Meine Soldaten sollen nur sich selbst verteidigen." Die 450 Blauhelmsoldaten ergaben sich kampflos. Sie waren mit ihren Maschinenpistolen und MGs angeblich unzureichend bewaffnet. Unter ihren Augen teilten die serbischen Milizen die muslimischen Männer auf und verluden sie auf LKW. Sogar die 300 bosnischen Männer, die im Quartier der UN-Soldaten, einer alten Batteriefabrik in dem Ort Potocari, untergebracht waren, wurden ausgeliefert. Es scheint Ahnungen davon gegeben zu haben, dass dies kein gutes Ende nehmen würde …

Das Ergebnis traumatisierte alle Seiten. In erster Linie die überlebenden Angehörigen der Opfer – aber letztlich auch die Blauhelmsoldaten. Wenn nicht sogar in einem anderen Sinne auch die Täter.

* * *

2.4 *Spielball ökonomischer Interessen* Dag Hammarskjöld und der Mord am Himmel von Ndola

Ich hasse die Menschen.
Und liebe sie.
Sie sind wie Teufel.
Aber in ihnen kannst du auch Gott entdecken.

Dag Hammarskjöld

Es dauert manchmal sehr lange, bis etwas Licht in das Dunkel von heimtückischen und tragischen Verstrickungen gebracht werden kann, die bis heute ihre Wirkungen entfalten: 57 Jahre nach dem Tod von UN-Generalsekretär **Dag Hammarskjöld** bei seiner Friedensmission im Kongo schien der Mord am Himmel über Ndola aufgeklärt. Der dänische Filmemacher Mads Brügger und der schwedische Privatdetektiv Göran Björgdahl hatten in ihrem Dokumentarfilm zu diesem Thema beim *Sundance Festival* in den USA die recherchierbaren Fakten zusammengetragen. Die Ergebnisse basieren auf einem Beschluss der UN-Generalversammlung vom 6. Dezember 2016. „Es ist höchste Zeit und es wird mit jedem Jahr schwieriger, die Wahrheit herauszufinden. Doch wir dürfen nicht aufgeben. Wir sind es den Familien der Opfer schuldig, die in dieser Nacht Angehörige verloren haben, sowie den Vereinten Nationen als Organisation und allen, die im Geiste von Dag Hammarskjöld arbeiten."

Grundlage für die neuen Untersuchungen waren Dokumente des südafrikanischen Geheimdienstes, die zwei Jahrzehnte zuvor von der südafrikanischen Wahrheits- und Versöhnungskommission unter dem Vorsitz von Erzbischof Desmond Tutu aufgespürt worden waren. Diese legen detailliert dar, wie die SAIMR (South African Institute of Maritime Research) den Abschuss der Maschine des UN-Generalsekretärs in Kooperation mit britischen und US-amerikanischen Geheimdiensten geplant hatte.

Demnach wurde Hammarskjöld, der von John F. Kennedy kurz vor seiner eigenen Ermordung als „größter Staatsmann unseres Jahrhunderts" bezeichnet worden war, Opfer eines Komplotts, wie unter anderem die *Frankfurter Rundschau* berichtete (Nr. 15/2019).

Der schwedische Diplomat hatte verhindern wollen, dass

kurz nach der Entlassung des Kongo aus belgischer Kolonialherrschaft und der Ermordung des ersten Präsidenten, Patrice Lumumba, westliche Rohstoffkonzerne (vor allem Union Minière) die Einheit des Kongo zerstörten und sich die mineralstoffreiche Provinz Katanga mit Hilfe eines Marionettenregimes (Moise Tschombe) unter den Nagel rissen. Von diesem Separatistenführer versprachen sich die Westmächte – vor allem Großbritannien, die USA und Belgien – ungehinderten Zugang zu den strategisch wichtigen Uran- und Kobaltvorkommen des Landes

In einer Gemeinschaftsaktion von Geheimdiensten der USA (CIA, NSA), Großbritanniens und Belgiens schoss ein Söldner-Pilot mit einer zum Kampfflieger umgebauten Fouga Magister die DC 6 Zivilmaschine des UN-Generalsekretärs ab.

Diese Hintergründe sind insofern auch heute noch bedeutsam, als bei der aktuellen Diskussion um die Umweltfreundlichkeit von Elektroautos mit Batteriebetrieb die Rohstoffe aus dieser Provinz eine wesentliche Ressource sind und bleiben werden. Die Region wird immer noch von Privatarmeen beherrscht, die von westlichen Bergwerksgesellschaften finanziert werden. Die Ausbeutungsverhältnisse, die Menschenrechtslage und die Umweltprobleme sind dementsprechend.

Das Leitmotiv des damaligen UN-Generalsekretär lautete: „Die Lösung des Kongoproblems liegt in der Hand der Kongolesen selbst – ohne Eingriffe von außen." Diese Hoffnung war offenbar eine Fehleinschätzung. Denn auch die UN selbst, die in diesem Dialog eine moderierende Haltung übernehmen wollte, stand unter Druck, so dass der Generalsekretär selbst eine Entscheidung treffen musste. Hammarskjöld: „Es ist besser für die UN, die Unterstützung durch die USA zu verlieren, als dass wir unsere Gesetze und Prinzipien verraten und als Agenten von politischen Interessen auftreten, die niemals von den Organen der UN gebilligt würden." (zitiert nach Henning Melber: *Lumumba, Hammarskjöld and the Cold War in the Congo*, in *New African Magazine*, 2017)

Unter dem Druck dieser Wirtschaftsinteressen wurde der Dialogversuch von Dag Hammarskjöld durch Mord im Keim erstickt. Die Einheit des Kongo zerbrach und das Land wurde bis heute zum Spielball ökonomischer Interessen, die hunderttausende Opfer forderten.

* * *

2.5 *Was ist die Alternative zum Dialog?* Ein Gespräch mit Andrés Pastrana

Kolumbien ist ein Land im Bürgerkrieg. Er dauert bereits mehr als 50 Jahre und wird von der Weltöffentlichkeit nur gelegentlich wahrgenommen. Jedes Jahr werden über 3000 Menschen gewaltsam entführt. Kolumbien erprobte aber nach jahrzehntelangem Bürgerkrieg auch Verhandlungen im Rahmen eines landesweiten Dialogs.

Dieser Dialogprozess wurde von **Andrés Pastrana Arango** – von 1998 bis 2002 kolumbianischer Staatspräsident – politisch getragen. 1954 kam Pastrana als Sohn des früheren Präsidenten Misael Pastrana Borrero zur Welt. 1988 wurde er nach einer Entführung durch das Medellin-Kartell und seiner anschließenden Befreiung zum Bürgermeister von Bogotá gewählt. Sein Schwiegervater war von Entführern erschossen worden. Der Dialogansatz Pastranas fand in Kolumbien die Unterstützung zahlreicher bekannter Persönlichkeiten wie Gabriel García Márquez. Das folgende Gespräch mit Pastrana wurde auf dem Höhepunkt des konfliktreichen Dialogs am 2. Juli 1999 von Johannes Hartkemeyer im Präsidentenpalast von Bogotá geführt. Obwohl der von ihm initiierte Prozess nicht zum erhofften Erfolg führte, bleiben seine Ideen wegweisend.

„Eine gemeinsame Sprache finden"

Hartkemeyer: *Herr Präsident, das öffentliche Bild von Kolumbien wird geprägt durch die Entführungen. Es gilt als ein Land, das von Gewalt, Unsicherheit und politisch-wirtschaftlicher Instabilität beherrscht wird.*
Pastrana: Tatsächlich stehen wir einer gewaltigen Aufgabe gegenüber, um die jahrzehntelange Gewalt zu beenden, die enorme wirtschaftliche Belastungen mit sich bringt, Arbeitslosigkeit hervorruft und grundlegende Menschenrechte verletzt. Und wir sind derzeit in einem außerordentlich komplizierten, aber chancenreichen Prozess. Mein Ziel ist es, durch einen konsequenten Dialog mit den Guerillas die Phase der Gewalt zu beenden.

Wie die Zeitung El Espectador *schrieb, ist ein Großteil der Bevölkerung skeptisch. Über 80 Prozent lehnen angeblich eine Verhandlungslösung ab und wollen nicht mit der Guerilla reden, die sie als Attentäter und Entführer wahrnehmen.*

Wenn Sie fragen würden, ob ein Ende der Gewalt erreicht werden soll, würden Sie wahrscheinlich 100 Prozent Zustimmung bekommen. Erstmalig sind hier in Bogotá Zehntausende auf die Straße gegangen, um gegen die Gewalttätigkeit zu demonstrieren. Darunter sind auch Opfer von Entführung und Erpressung. Wenn wir konkrete Ergebnisse erreichen, wird die Unterstützung für den Dialogprozess wachsen.

Das war im Nordirlandkrieg auch so. Aber wie sieht Ihr Dialogprojekt konkret aus? Wie bringen Sie Bürgerkriegsparteien an einen Tisch?
Zunächst einmal kommt es auf die grundlegende Haltung an, diesen Dialog zu wollen. Bereits bei meinem Amtsantritt im August 1998 war mir klar, dass es die entscheidendste Aufgabe meiner Amtszeit sein würde, die zersplitterte Gesellschaft zusammenzuführen. Da muss ich konkret auch mit meinen Feinden reden. Ich muss den Standpunkt des anderen erst einmal respektieren, mich in ihn hineinversetzen. Das ist nicht einfach und birgt ein Risiko, aber es gab keine Alternative. Ich bin allein, ohne Leibwache, in den Dschungel gegangen und habe mich mit Manuel Marulanda, dem Chef der FARC, der größten Guerillaorganisation, getroffen, um seine Meinung zu erfahren und festzustellen, an welchen Punkten wir Gemeinsamkeiten finden können. Und wir haben in stundenlangen Gesprächen tatsächlich Gemeinsamkeiten gefunden. Diese Menschen leben ja teilweise bereits jahrzehntelang im Dschungel. Sie müssen aus der Isolation herausfinden und brauchen ein realistisches Bild der Situation. Es geht zunächst auch darum, eine gemeinsame Sprache zu finden. Marulanda sagte auch, dass der Prozess für ihn ein großes Risiko birgt: „Wir beide haben uns kennengelernt und respektieren uns, was aber passiert, wenn wir uns

auf einen Friedensprozess einlassen und dann ein neuer Präsident gewählt wird, der in dieser fragilen Situation unsere Positionen untergräbt?“ Ich kann nur sagen: Wir brauchen dringend *internationale* Unterstützung.

Wie sieht Ihr Friedensprozess aus? Beteiligen Sie alle Gruppen in allen Landesteilen?

Grundsätzlich wollen wir alle beteiligen. Aber es ist schwer, mit Gruppen zu verhandeln, die keine einheitliche Führung besitzen und eine bandenartige Struktur haben. Daher ist die FARC (Fuerzas Armadas Revolutionarias de Colombia, die Kolumbianische Volksarmee) als größte und am besten organisierte Gruppe derzeit unser wichtigster Gesprächspartner. Zunächst haben wir uns auf eine 42 000 Quadratkilometer große Zone im Süden Kolumbiens geeinigt, wo wir beiderseitig die militärischen Operationen in den derzeitigen Randgebieten einstellen. Wir haben uns teilweise ohne Verhandlungstische in den Bergen Kolumbiens getroffen. Als Ergebnis ist ein konkreter Aufgabenkatalog entstanden. Dieser Katalog umfasst beispielsweise die Respektierung der Menschenrechte, die Erneuerung der Agrarpolitik, die Unterbindung des Handels mit Drogen, die ländliche Entwicklung, den Schutz der natürlichen Ressourcen, eine demokratische Staatsform, die Bildung, das Militär und die internationalen Beziehungen. Ich denke, Frieden ist ohne soziale Gerechtigkeit nicht möglich, und auf dieser Basis können wir uns einigen.

In der zweiten Phase, in den ersten Monaten, haben wir uns auf den politischen Prozess geeinigt. Beide Seiten haben jeweils fünf Prozessbeauftragte ernannt, die den Dialog führen sollen. Sie werden unterstützt von jeweils zehn technischen Sachverständigen, die aus dem öffentlichen Leben stammen und jeweils das Vertrauen ihrer Seite besitzen.

Dann beginnt die dritte Phase, in der an konkreten Bereichen gearbeitet wird, zum Beispiel die Frage, wie wir gemeinsame zuverlässige Ordnungsorgane schaffen.

Wie reagieren Sie auf die neuen Entführungen?
Wirkliche Verhandlungen können nur dann beginnen, wenn die Entführten ohne jede Bedingungen freigelassen werden. Daher sehe ich auch Einmischungen in diesen Prozess als wenig hilfreich an. Allerdings ist es immer problematisch, Deadlines zu setzen. Das könnte beide Seiten in eine gefährliche Eskalation treiben. Rückschläge dürfen uns vor dem Hintergrund der enormen Aufgabe, die vor uns liegt, nicht entmutigen.

Der Dialogprozess in Kolumbien hatte eine reale Chance

Der ehemalige Staatspräsident Kolumbiens vertraute in seinen Verhandlungen mit den Guerilleros auf Aspekte des Dialogs, die wir zu den Kernfähigkeiten zählen: den radikalen Respekt, die Geduld, das Einander-Zuhören. Pastranas Vorgehen bereichert den Dialog um eine weitere Grundbedingung: den Mut, der von allen Teilnehmern im Dialog gefordert wird. Das Scheitern des Friedensdialogs in Kolumbien hat einen komplexen Hintergrund. Es ist nicht den Dialogbemühungen des Präsidenten Pastrana oder der Rebellenorganisation FARC anzulasten. Staatspräsident Andrés Pastrana machte bereits während des Gesprächs in Bogotá auf dem Höhepunkt des von ihm geführten Dialogprozesses andere Gefährdungsmomente für den Friedensprozess aus, die in der öffentlichen Diskussion bislang nicht auftauchten: Seine Militärs hätten überwiegend keine Sympathie für Verhandlungslösungen und stünden dem Dialog mit der FARC skeptisch gegenüber. Aber er sei nicht in der Lage, alle kritischen Militärkommandanten abzulösen, wenn er nicht einen Putsch provozieren wolle. Eine weitere Gefahr bedeuteten die massiven Waffenlieferungen an die Militärs, die während des Dialogprozesses im Rahmen des „Plan Colombia“ von den USA angeboten wurden. Sie schufen Illusionen bei den Militärs, den langjährigen Krieg doch noch gewinnen zu können. Auf der Seite der Rebellen führten diese Ankündigungen während der Verhandlungen zu Irritationen und zum Verlust der Glaubwürdigkeit der Regierung. Diese massiven Verunsicherungen des Dialogprozesses bargen die Gefahr zum Rückzug auf taktische Positionen.

Während unseres Gesprächs sicherten wir dem Präsidenten zu, bis zum Ende seiner Präsidentschaft seine Einschätzungen nicht für Veröffentlichungen zu verwenden, um den Friedensprozess nicht zusätzlich zu belasten. Nun scheint die Zeit gekommen, den Prozess in all seinen Dimensionen auszuwerten und daraus für andere Konfliktkonstellationen zu lernen. Andrés Pastranas Nachfolger Álvaro Uribe Vélez versuchte durch Krieg zu erreichen, wozu der angeblich gescheiterte Dialogversuch nicht so schnell in der Lage war.

* * *

2.6 Adolf Reichwein vor dem NS-Reichsgericht

„1944. 20. Oktober. 8:00 Uhr: Vor dem Volksgerichtshof in Berlin beginnt der Prozess gegen vier sozialdemokratische ‚Verschwörer' des 20. Juli, des Attentats auf Adolf Hitler. Ein Standfoto hält eine Szene aus diesem Schauprozess fest: Es zeigt den Gerichtssaal, überragt von einem mächtigen barocken Portal im zentralen Hintergrund, das mit den Machtinsignien des NS dekoriert ist. Links davon Stuhlreihen: Zuschauer in Uniform und Zivil, am rechten Bildrand auf der

Anklagebank die politischen Freunde Gustav Dahrendorf, Julius Leber, Hermann Maaß. Zwischen ihnen Polizisten mit Tschako, in der Reihe davor an Tischen Anwälte in schwarzen Roben, im Bildvordergrund schließlich die Richterbank mit den Vertretern der NS-Justiz. Nur wenige Meter davon entfernt, in der Bildmitte, steht ein Mann: hager mit eingefallenen Wangen und fliegendem Haaransatz, in zerschlissenem und zu groß wirkendem Anzug, allen erlittenen Misshandlungen und Demütigungen zum Trotz ungewollt und aufrecht, seinen Blick fest und konzentriert auf den ihm mit dem Gesicht zugewandten Vorsitzenden Richter Freisler gerichtet." So beschreibt Ullrich Amlung in dem Aufsatz *Pädagoge im Widerstand* die Szene (in: 100 Jahre VHS, S. 76)

Adolf Reichwein konnte sich vor dem „Volksgerichtshof" aufgrund der vorangegangenen Folter kaum noch vernehmlich machen. Man hatte ihm bei den vorangegangenen Verhören die Kehle zugedrückt, um mit dieser Methode Aussagen zu erzwingen. Wenn er halb ohnmächtig war, wurde er dann mit kaltem Wasser übergossen. Bei dieser Tortur wurden seine Stimmbänder verletzt, so dass er nur noch in der Lage war zu flüstern. Das nutzte der „Blutrichter" Freisler weidlich aus, um ihn niederzubrüllen und lächerlich zu machen. Wir wissen: Am Ende des Tribunals steht das Todesurteil – wegen ‚Landesverrats'.

Der Mann, der noch am Nachmittag desselben Tages im Strafgefängnis Plötzensee ermordet wird, ist der Schulpädagoge und Erwachsenenbildner, Weltwirtschaftsexperte, Kulturhistoriker und Bildungspolitiker Adolf Reichwein. „Er ist gerade 46 Jahre alt, für viele seiner Zeitgenossen ein Hoffnungsträger für die Zeit des politischen Neuaufbaus nach dem Ende der NS-Diktatur und wird in Widerstandskreisen als Kultusministerkandidat gehandelt", so Ullrich Amlung.

Erstaunlich ist, dass heute vereinzelt versucht wird, Adolf Reichwein zu diskreditieren mit der Begründung, weil er nicht ins Exil ging, sei er ein „williger Begleiter“ des Systems und darüber hinaus aufgrund seiner Weltanschauung, ein „nationaler Sozialist“ gewesen. In einer Art geschichtsvergessener, abgehobener „political correctness“ wird für diese abstruse These sogar seine Sprachform und Wortwahl herangezogen. Er habe Begriffe wie „Führertum“ unkritisch verwendet und in seinen Briefen in der NS-Zeit sei kein offener Widerstand gegen das Regime erkennbar. Ja, er habe sogar auf Fortbildungsveranstaltungen von BDM-Führerinnen gesprochen. Hier zeigt sich eine naive Verkennung und Ausblendung der Arbeitsbedingungen unter dem totalen NS-Regime. Reichweins eindeutiger Widerstand von Anfang an ist unbestreitbar. 1930, als die Mehrheit bürgerlicher Kreise entweder bereits vom Nationalsozialismus infiziert war oder Absetzbewegungen gegenüber der Weimarer Republik vollzog, trat er in die SPD ein – zu diesem Zeitpunkt sicherlich kein Akt der Anpassung. Reichwein war ein leidenschaftlicher Flieger. Als 1933 das Hakenkreuz als Flugzeichen auf seiner Maschine vorgeschrieben wurde, stellte er unverzüglich sein Hobby ein. Reichwein versuchte allerdings immer wieder, sowohl in seinem privaten als auch seinen dienstlichen Umfeld Anknüpfungspunkte für seine Arbeit zu finden. Er wollte in der NS-Diktatur und ihren ideologischen Wirklichkeitskonstruktionen nicht nur überleben, sondern auch wirken, zum Beispiel indem er seinen Gesprächspartnern immer wieder die immanenten Widersprüche der NS-Weltanschauung aufzudecken suchte. Diese Herangehensweise, trotz allem einen Dialog zu versuchen, Menschen nicht einfach aufzugeben oder rechts liegen zu lassen, könnte möglicherweise auch für die heutige Zeit zum Beispiel mit ihren Pegida-Berührungsängsten anregend wirken.

Der Theologe Frank Richter, einer der maßgeblichen Akteure der friedlichen Revolution in der DDR, setzte sich als Direktor der sächsischen Landeszentrale für politische Bildung für Gespräche mit den Unterstützerinnen und Unterstützer der Pegida Bewegung ein. Dafür würde er vielfach angegriffen und diskreditiert:

„Ich habe (…) gelernt, dass sich auch die härtesten politischen Kontrahenten, die sich normalerweise im Gegeneinander profilieren (oder meinen, profilieren zu müssen), durchaus *miteinander* profilieren können und müssen, wenn es um die elementaren Angelegenheiten unseres Zusammenlebens wie zum Beispiel die Demokratie und die Gewaltfreiheit geht. Dabei kommt es darauf an, die öffentliche Anerkennung des Zusammenstehens so zu organisieren, dass alle davon profitieren." (Frank Richter, *Hört endlich zu! Weil Demokratie Auseinandersetzung bedeutet*)

2.7 *In der Entscheidung gibt es keine Umwege*
Fiktives Gespräch mit Adolf Reichwein

Es gibt kein richtiges Leben im falschen.

Theodor W. Adorno

Hartkemeyer: *Herr Reichwein, was hat Sie am nachhaltigsten für Ihr Leben beeinflusst?*

Reichwein: Für mein ganzes Leben entscheidend ist, dass ich von den armen Bauern des Westerwaldes abstamme und meine Jugend bis zum Eintritt in das Kriegsheer auf dem Dorfe verlebt habe. Mein Vater hatte eine ausgeprägte soziale Grundhaltung. In meinem Elternhaus herrschte insgesamt ein hohes Maß an Verantwortungsbewusstsein der Mitwelt gegenüber. Später kam dann die Jugendbewegung hinzu. Die Wandervogelbewegung war für mich das Erprobungsfeld für die Kameradschaft und das Erfahren der Heimat wurde wichtig. Später machten wir uns in der studentischen Jugendbewegung Gedanken zur Überwindung der sozialen Klassenunterschiede unter der Idee der sozialen Gerechtigkeit. Eigentlich lernte ich durch das Gefühl der Gemeinschaftsverbundenheit mit Gleichaltrigen in einer kleinen, überschaubaren Gruppe die Bedeutung des Prinzips der Selbsterziehung in der Gemeinschaft kennen. Daraus entstand auch die Idee der Eigenverantwortung des Einzelnen für sich und für die Gesellschaft.

Auch der Erste Weltkrieg hat sie geprägt?
Die schrecklichen Erfahrungen haben bei mir paradoxerweise den Gedanken von der Hochachtung des menschlichen Lebens beflügelt. Aber nicht nur hinsichtlich der Unverletzlichkeit des menschlichen Lebens, sondern auch darüber hinaus hinsichtlich der Durchsetzung der Idee der Menschlichkeit, des Humanismus, im politischen, wirtschaftlichen und pädagogischen Bereich. Und ich hoffte, diese Idee über Jugend- und Erwachsenenbildung gesellschaftsverändernd umsetzen zu können. Denn ich war der Ansicht, dass die vorherrschende Wirtschafts- und Sozialordnung die Idee der Menschlichkeit und Solidarität untergräbt. Der rasante Prozess der ungehemmten Rationalisierung und Technisierung wird zu einer großen Gefahr für das Individuum. Weil der Mensch nicht mehr in seinem personalen Eigenwert gesehen wird, sondern nur noch unter dem Gesichtspunkt seiner Brauchbarkeit und Nützlichkeit im Produktionsprozess.

Aber wie soll der Weg dahin aussehen?
Ich weiß, dass der Weg zu mehr sozialer Gerechtigkeit, uneingeschränkter Solidarität und selbstlosem Dienst für die Gemeinschaft schwer ist. Aber was ist die Alternative? Wir müssen die demokratischen Ideen, die Prinzipien der Freiheit und Gleichheit, der Toleranz und des Verantwortungsbewusstseins der Umwelt gegenüber in Zukunft umsetzen. Das haben wir in der Aufklärung erkannt. Auch wenn es utopisch erscheint. Die Eliten werden es von sich aus nicht tun. Für die Erneuerung der Gesellschaft brauchen wir einen breiten, ernsthaften gesellschaftlichen Dialog aus dem Geist der Humanität.

Aus dieser Idee haben sie eine neuartige Pädagogik entwickelt?
Ja. Die wilhelminische Pauk- und Drillschule ist nicht zukunftsfähig! Wir brauchen eine neue Form von lebensnaher Erziehung, die sich in der Realität, im sogenannten grauen Alltag bewährt. Wo Menschen zusammenleben und zusammenarbeiten. Und wo Ernsthaftigkeit besteht. Wo sich der Einzelne engagieren muss für eine Sache oder den Mitmenschen. Wo die ganze Umwelt dazu herausfordert und ermutigt, konkrete Vorhaben umzusetzen und das Gemeinschaftsleben dieses unterstützt. Und wir brauchen einen Dialog, der die gemachten Erfahrungen in der Praxis ernsthaft reflektiert und diese in den Zusammenhang mit der ganzen Gesellschaft, ja letztlich mit der Weltentwicklung stellt und sie einzuordnen lernt.

Aber das alles unter dem Primat der Humanität. Das hat schon Wilhelm von Humboldt erkannt. Bildung ist schließlich eine eigenartige Entfaltung des Menschen, der die möglichst beste Entfaltung und Ergänzung aller Anlagen des Einzelnen zu einem entwickelnden Ganzen verbindet. Die herkömmliche Schule und die Gesellschaft lassen dazu dem Einzelnen wenig Spielraum. Die Entwicklung wird eher behindert durch zunehmende Spezialisierung und Mechanisierung. Letztlich bewirkt dies geradezu eine Verkümmerung seiner Anlagen und Fähigkeiten.

Wie soll das im System Schule verwirklicht werden?
Es ist immer wieder in der europäischen Bildungsgeschichte diskutiert worden, wie das Spannungsverhältnis von Bildung und Leben, Bildung und Handeln überwunden werden kann. Diese Frage stellte sich auch schon Goethe. Wie wollen wir beim Einzelnen das Bewusstsein einer Eigenverantwortung fördern? Das geht doch nur in der Sorge für eine konkrete

Aufgabe. Und es geht auch nur durch den Grundsatz der Selbsttätigkeit. Denn erst die Mitverantwortung, das wirklich praktische Tun, macht stolz, froh und frei. Und es fördert das Verantwortungsbewusstsein für den Wert und die Bedeutung einer Sache, eines Materials, eines Gegenstandes. Die Selbst- und Welterfahrung aber entwickelt sich nicht von allein. Dazu brauchen wir den Dialog. Denn es besteht eine Einheit von Einsicht und Einsatz. Und eine Einheit von Engagement und Reflektion. Danach erst werden, wie es ein junger Arbeiter einmal formulierte, wie mit dem Zauberstab Möglichkeiten in uns zur Entfaltung gebracht, von denen wir selbst nichts ahnten. Er hat mir einmal erzählt: „Es hat allerdings lange gedauert, bis ich zu der Erkenntnis kam, dass das, was *mir* wichtig erscheint, noch lange nicht für *den anderen* zu passen braucht. Hatte man doch bisher immer bis aufs Letzte geredet, ohne einander auch nur ein wenig näherzukommen. Fast zur gleichen Zeit kam ich dann auf den Gedanken zur Selbstkontrolle, und das war entscheidend. Nun spürte ich erst, wie viel man doch von den alten Anschauungen belastet war … da muss man doch beweglich genug sein, um den andern anerkennen zu können, aber nicht, weil er genauso ist wie man selbst, sondern gerade so wie der andere es will und muss."

Aber sie sind mit ihrer Arbeit an die gesellschaftlichen Grenzen gestoßen?
Ja, ich hatte gehofft, dass sich auch im Inneren des nationalsozialistischen Systems eine Veränderung der Gesellschaft bewirken ließe, und deshalb von einer Emigration in die Türkei, wie ich sie bereits vorbereitet hatte, abgesehen. Denn mir war auch klar, dass in allen bisherigen Gesellschaftsformen ein großer Widerspruch zwischen der postulierten Form der

Humanität und der gesellschaftlichen Wirklichkeit besteht. Ich hatte ja schon in der Weimarer Zeit versucht, bei den Studenten, die meistens dem Bürgertum entstammten, ein Problem- oder Konfliktbewusstsein zu erzeugen, indem ich sie für einen Dialog mit Jungarbeitern zusammenbrachte. Und mir ist auch bewusst, dass eine neue Gesellschaftsform weitgehend davon abhängig ist, in welchem Geist ihre Träger erzogen worden sind. Ist es der Geist der Solidarität, der Opferbereitschaft und Anspruchslosigkeit, oder der Geist der Herrschsucht und des Konsums? Die Frage ist immer noch, wie erzieht man persönlichkeitsstarke und willenskräftige, anspruchslose und opferbereite Menschen, also echte Pioniere, die eine menschliche Zukunft gestalten wollen? Dabei geht es nicht um verbale Bekenntnisse, sondern um die Umsetzung der Ideale in die Tat.

Und was ist dazu ihre heutige Meinung?
Ich glaube immer noch an den mit der Aufklärung aufkommenden optimistischen Gedanken, dass es einer Pädagogik bedarf, die produktiv am Fortschritt einer Gesellschaft beteiligt ist, ja vielleicht sogar diese neue Gesellschaftsform zum Ergebnis dieser neuen Pädagogik machen könnte. Und diese können wir nur von der Zukunft her denken. Vielleicht brauchen wir kleinere Gemeinschaften, die erfolgreiche Modelle schaffen – innerhalb des gesellschaftlichen Chaos – von denen dann eine Wirkung auf weitere Kreise ausgehen wird. Und ich kann mir dazu nur eine Pädagogik vorstellen, die innerhalb der Sinn- und Wertefülle des konkreten Alltags realisiert wird, die innerhalb einer Ernst-Situation, eines Projektes, einer realen Aufgabe, sich entfaltet. Und diese Gemeinschaften müssen eine gelebte Humanität, eine gelebte Solidarität, eine gelebte Demokratie sein, um ihre Funktions-

fähigkeit unter Beweis zu stellen, um damit in die Zukunft hineinwirken zu können.

Dieses Gespräch ist natürlich fiktiv, denn Reichwein wurde 1944 hingerichtet; Johannes Hartkemeyer ist 1950 geboren. Die Antworten Reichweins entstammen dem Heft von Klaus Fricke, *Adolf Reichwein, Ein Wegbereiter der modernen Erlebnispädagogik?* Lüneburg 1993

2.8 *Freiheit ist das Element des Geistes* Elisabeth Siegel im Gespräch über ihren Kollegen Adolf Reichwein

Elisabeth Siegel wurde im Jahre 1901 in Kassel geboren und verstarb im Jahre 2002 in Osnabrück. Die engagierte Professorin für Pädagogik und Sozialpädagogik gilt als Wegbereiterin für Frauen im deutschen Hochschulwesen. Am 1. April 1933 wurde sie aufgrund ihrer Gegnerschaft zum Nationalsozialismus an der Pädagogischen Akademie Elbing entlassen. Seit 1925 stand sie in Kontakt mit dem Pädagogen, Wirtschaftswissenschaftler und Kulturpolitiker Adolf Reichwein, der 1944 hingerichtet wurde.

„Er schaffte es, dass alle zuhörten"

Hartkemeyer: *Welche Qualitäten besaß Adolf Reichwein, um mit so vielen verschiedenen Menschen mit unterschiedlichen Weltanschauungen in einen Dialog kommen zu können?*
Siegel: Adolf Reichwein war jemand, der sofort einen starken Eindruck auf Menschen machte. In seinen Veranstaltungen strahlte er eine Frische und Lebendigkeit aus, die alle mitriss. Und er hatte immer einen klaren Blick für weltweite Zusammenhänge und für die Verbindung von Wirtschaft und Geschichte. Sein unbändiger Wille, seine Abenteuerlust übertrug sich auch auf seine Studenten. Er war überhaupt nicht dogmatisch und gleichzeitig nicht im Mindesten ein Opportunist. Es war seine geistige Elastizität, die Menschen in seiner Umgebung für einen offenen Dialog aufschloss.

Wie arbeitete Adolf Reichwein? Was war das Geheimnis seines Erfolges?
In seinen Gesprächskreisen setzte sich Reichwein zwischen die jungen Leute. Es waren junge Arbeiter und andere aus den unterschiedlichsten politischen Richtungen. Und er ließ sie miteinander reden. Manchmal nahm er eine Frage auf, die in der Luft lag und ließ alle Meinungen zu. Das war für einige hin und wieder ganz schön hart. Aber er schaffte es, dass alle zuhörten. Es war ja völlig freiwillig und es war schon erstaunlich, dass er regelmäßig bis zu 70, 80 Leute um sich versammelte. Reichwein verstand es gleichzeitig, ein Klima der Ruhe und der Lebendigkeit zu erzeugen, das heute in vielen Gesprächen fehlt, weil man sich kaum zuhört und sich durch-

setzen möchte. Viele, die das erlebt haben, vergaßen diese Gesprächsqualität in ihrem ganzen Leben nicht mehr.

Wir erlebten Sie die Machtergreifung durch die Nazis?
Reichwein wurde wie ich auch sofort entlassen. 1933 schloss man Adolf Reichweins pädagogische Akademie in Halle. Er hatte zwar die Möglichkeit, in die Türkei auszureisen und eine Professur zu bekommen. Aber dann hat er sich doch entschlossen, eine Stelle als Landschullehrer in Tiefensee nordwestlich von Berlin zu übernehmen.

Es heißt, Reichwein war beseelt von der Idee der Aufklärung in der politischen Bildung, ohne im Sinne einer Partei zu agitieren.
Er war ein unabhängiger Geist. Allerdings hat er sich 1930 in Halle entschlossen, noch in die SPD einzutreten, da er fand, dass er in der Situation des aufkommenden Nazismus vor den Studenten ein Bekenntnis abgeben müsste. Sie sollten wissen, dass ihr hoch geschätzter Dozent nicht auf der Seite der Nazis stand, sondern einer Partei angehörte, die sich für die Demokratie einsetzte. Da haben etliche seiner Kollegen die Köpfe geschüttelt, nicht etwa, weil sie gegen Reichweins Ansichten waren, sondern weil sie sagten, das ist ja lebensgefährlich, sich in dieser Zeit so zu entblößen.

Wann haben Sie Reichwein zum letzten Mal gesehen? Erinnern Sie sich noch an den persönlichen Eindruck?
Ja, durchaus. Es war am 25. Juli 1942. Reichwein und ich standen in Marburg auf dem Bahnsteig und es kam kein Zug. Mit dabei Hellmut Becker, der Sohn des ehemaligen Kultusministers, der später in der Volkshochschulbewegung eine bedeutende Rolle spielte. Der Schaffner sagte: „Da müssen sie sich

gedulden, es wird noch eine Weile dauern, die Züge können Hamburg nicht verlassen, da sind seit gestern furchtbare Bombenangriffe im Gange."

Ich war verzweifelt. Ich hatte so viele Bekannte und Freunde in Hamburg und hörte nur Schreckensmeldungen. Dann hat mich Reichwein am Ärmel gefasst und sagte zu mir: „Bange machen gilt nicht! Du musst durchhalten, wir werden bald alle guten Köpfe brauchen!"

* * *

Kapitel 3

Dialog mit der Natur

Bitte

Wir sind
Am Ende des Nils.

Wir tragen Partikel
Von jedem Erdteil, jeder Kreatur,
Jedem Zeitalter.

Seit Jahrmillionen regnet es,
Soweit das Auge sehen kann

Und unsere Sinne
Sind so trübe, verglichen mit Deinen,
oh Gott!

Doch wo wir alle versuchen,
Den klaren Himmel-Ozean zu fassen,
Höre ich nur diese Worte von Dir:

„Komm, mein Liebes.
Bitte,
Meine Lieben, kommt.“

Hafis

3.1 *Wenn wir die Sprache des Kosmos verstehen lernen*
Ein Gespräch mit Thomas Berry

Uns fällt es gemeinhin nicht leicht, die Welt anders als mit der Brille unseres eingefahrenen Weltbildes zu betrachten. Allerdings hat uns dieses Weltbild in eine Situation gebracht, welche die Grundlagen der menschlichen Existenz auf unserem Planeten zu zerstören droht. Daher kann es für uns sinnvoll sein, andere Betrachtungsweisen anzuschauen, die eine erweiterte Sichtweise auf die Lebensprozesse zulassen und durch tiefere Einsichten sogar spirituelle Dimensionen des Universums vermitteln könnten.

Thomas Berry wurde 1914 in Greensboro North Carolina geboren und starb dort 2009. Er war ein bedeutender US-amerikanischer katholischer Theologe und Kulturhistoriker. Er lehrte an vielen Universitäten über das kulturelle Erbe Chinas und Indiens. 1970 gründete er das Riverdale Center of Religious Research in Riverdale in der New Yorker Bronx. Er widmete sich vor allem der tiefen Ökologie und war langjähriger Präsident der Internationalen Teilhard de Chardin-Gesellschaft.

In dem Gespräch mit Thomas Berry geht es um die Tiefendimension des Dialogs mit dem Kosmos. Es geht um eine besondere Art des Fragens und Hörens. Vielleicht ist es diese Art des Dialogs, die wir lernen müssten, um auf dieser Erde zu überleben – oder besser: mit dieser Erde zu leben.

Thomas Berry lädt uns ein, auf diese Sprache der Natur zu lauschen, als sei sie nicht etwas, das außerhalb von uns existiert und mit uns selbst nichts zu tun hat. Er möchte uns anleiten, der Natur zu lauschen, wie wir auf etwas hören können, das ein Teil von uns ist, damit wir uns klarer darüber werden, wie wir im Innersten mit der Natur verbunden sind: so wie wir lernen, auf Signale unseres Körpers zu hören, Krankheiten wahrzunehmen und die Heilung zu unterstützen.

Berry schlägt vor, dass wir eine Fähigkeit wiedergewinnen, die verschiedene Völker besaßen, die mit der Natur verbunden waren – eine Fähigkeit, die wir verloren haben. Was sagen uns die natürlichen Elemente, die uns umgeben, auf die wir angewiesen sind und in deren Kontext wir eingebunden sind – gerade heute, wo wir in unserer technisierten Welt die Illusion kultivieren, unabhängig zu sein von allem, was wir Natur nennen?

Vielleicht ist es der Dialog mit unserem „erweiterten Selbst", der uns die ganze Breite und Radikalität des systemischen Denkens am deutlichsten vor Augen führt.

„Das Universum ist eine Gemeinschaft von Subjekten"

Hartkemeyer: *Thomas Berry, Sie arbeiten an einer neuen Form, den Sinnkontext des Lebens im Zusammenhang mit der Evolution darzustellen.*
Berry: Es ist der Versuch, die empirischen Beobachtungen zusammenzubringen, die von verschiedenen Wissenschaften bislang unverbunden nebeneinander stehengelassen wurden. Für das Denken mechanistischer Wissenschaftler ist die Geschichte des Universums ein Prozess ohne Sinn, ein zufälliger Prozess ohne Bedeutung und Richtung. Wenn die Wissenschaftler ihre eigenen Forschungsergebnisse wirklich einfühlsam verstehen würden, könnten sie eine bemerkenswerte Geschichte hören. Im Evolutionsprozess selbst liegt der Weg, das Universum zu erfahren. Die Schwierigkeit dabei ist, dass ein Mensch diese Geschichte nur versteht, wenn er die verschiedenen Stimmen hört, in denen das Universum eine Geschichte ausdrückt.

Das Universum ist komponiert aus Subjekten, die miteinander verbunden sind, und nicht aus Objekten, die es auszubeuten gälte. Alles hat seine eigene Stimme. Naturvölker besitzen noch ein tiefes Gefühl für diesen universellen Zusammenhang aller Naturphänomene. Nicht nur Donner und Blitz, Sterne und Planeten haben eine Stimme. Menschen, Vögel, Tiere, Bäume haben ihre Art zu sprechen und dadurch schaffen sie eine Gemeinschaft, die miteinander existenziell verbunden ist. Diese Art der Verbundenheit zeigt immer einen spirituellen, festlichen Aspekt. Die Sonne scheint nicht nur, sie drückt etwas aus, und ebenso der gesamte Kosmos. Die Blumen blühen – und alles spricht. Ist es nicht spannend, sich zu fragen, was das für mich konkret bedeutet?

Wir hören diese Stimmen nicht mehr, unsere Sinnesorgane haben sich zurückgebildet, die Wahrnehmung hat sich verengt. Wir leben nahezu autistisch.

Jemand sagte einmal zu mir: wenn nichts mehr als heilig gilt, ist nichts mehr sicher. Das hängt mit der menschlichen Empfindungskraft und Wahrnehmung zusammen. Wenn sich ein Wald im Auge des Betrachters in Kubikmetern verwertbarem Nutzholz darstellt, ist schon etwas im Menschen abgestorben. Die Menschen könnten die wundervollen Regenwälder nicht mit dieser Brutalität vernichten, wenn nicht schon vorher Gefühle in ihnen abgestorben wären.

Die neuseeländischen Maoris haben sich früher sehr genau überlegt, wann sie ein Boot bauen und welchen Baum sie nehmen wollten, sie wählten den Baum behutsam aus und entschuldigten sich bei ihm.

Eine solche Einstellung ist in unserem reduktionistischen Weltbild nicht möglich. Sie erscheint uns als eine völlig sinnlose Haltung, und weil wir sie in stupider Arroganz für sinnlos oder lächerlich halten, verhalten wir uns selbst in der Praxis lächerlich und konsequent unsinnig. Die in Jahrmillionen entstandenen Regenwälder zu verbrennen und damit unsere klimatische Existenzgrundlage zu vernichten, ist aus Sicht der Maoris schlimmer, als wenn wir die Kunstschätze dieser Welt verbrennen würden. Wir zerstören mit der Natur unsere eigene innere Erfahrungsmöglichkeit. Wenn wir auf dem Mond lebten, würde unser Gefühl für das Göttliche auf der Erfahrung der Mondlandschaft basieren. Wir würden die reichhaltigen Bildvorstellungen, die aus der Erfahrungswelt der gesamten Menschheit im Umgang mit der Natur stammen und die unsere Phantasie, unsere Kulturgeschichte prägen, nicht besitzen. Unsere Vorstellungskraft würde reduziert und damit auch die Entwicklung unserer Intelligenz. Denn wir hätten ja keine reichhaltige Umwelt zu benennen und zu erfahren.

Wie können wir konstruktiv mit diesen Problemen umgehen? Sie haben mit ihren Büchern The Dream of the Earth *und* The Universe Story *großes Aufsehen erregt und dafür auch hohe Auszeichnungen erhalten. Was ist Ihr zentrales Motiv?*
Ich spreche davon, dass wir gegenwärtig in einer Ecozoic Era leben und gewahr werden müssen, dass das gesamte Universum eine *Gemeinschaft* von *Subjekten* ist, und nicht eine Ansammlung von Objekten. Das ist die erste grundlegende Einsicht für uns, und sie bedeutet zweitens auch, dass es eine geistige Gemeinschaft ist. Der Mensch kann nicht außerhalb dieser kosmischen Gemeinschaft leben. Die Energie und die Substanz des Kosmos fließen durch uns, aus ihr bestehen wir. Wenn wir das nicht begreifen, werden wir beim Versuch, alte Fehler zu vermeiden, nur neue katastrophale Irrwege beschreiten.

Das dritte Prinzip der Ecozoic Era sagt, dass die Erde die primäre Grundlage darstellt und dass sich das menschliche Leben davon ableitet. Jeder Mensch kann in sich dieses Prinzip erspüren und erfahren.

Die Heilung des Planeten ist die grundlegende Aufgabe. Wir leben aber in der absurden Situation, dass Umweltzerstörung und damit die Zerstörung unserer eigenen Lebensgrundlage sich positiv auf die Steigerung des Bruttosozialprodukts auswirkt. Dabei sollte doch klar sein, dass als oberstes Gesetz der Ökonomie gelten muss, die integralen, erneuerungsfähigen Ressourcen wie Wasser, Boden, Luft zu schützen.

Wir greifen mittlerweile in fast alle natürlichen Kreisläufe ein, aber wir können sie nicht wirklich managen. Wir können die Meere nicht durch Kläranlagen schicken, obwohl wir so tun, als könnten wir es. Wir sind nicht einmal in der Lage, ein Blatt eines Grashalms herzustellen. Die Erde spricht schon eine drastische Sprache; wir sehen, dass das Klima aus dem Gleichgewicht kippt. Aber die Erde spricht auch eine subtile Sprache; neue Krankheiten entstehen.

Wir hören die Sprache der Erde nicht so deutlich wie die indigenen Völker. Dort hat alles eine Bedeutung. So sagen die Jahreszeiten beispielsweise etwas über den Lebenszyklus, das Mysterium von Geburt, Tod und Erneuerung. So birgt der Wind ein Geheimnis: der Mensch kann ihn nicht sehen, aber der Wind spricht leise, er sirrt durch die Zweige, transportiert Fruchtbarkeit, Pollen und Samen, die Vögel lassen sich von ihm tragen. Der Wind kann in uns ein spirituelles Gefühl für die unsichtbare Welt entwickeln. Aber wie spricht er? Im Winter kann sein frostiges Beißen von der Härte und der Herausforderung menschlicher Existenz erzählen. Und die weiche, laue Frühlingsluft kann die mitfühlende Dimension des Universums zeigen. Der Wind kann ein Dach zerfetzten. Er sagt uns, dass wir keine Gewalt über unser eigenes Leben haben. Er sagt uns, dass er mehr kann als wir, dass er uns Regen bringen oder versagen kann und damit über gute und schlechte Ernten, Leben und Tod bestimmen kann, ohne selbst zu sterben.

Was ist Ihre „Universe Story"?
Es ist die Geschichte des Kosmos, die Wissenschaftliches, aber auch das göttliche Prinzip nicht ausgeklammert. Dieser Kosmos zeigt sich entwicklungsfähig hinsichtlich der Entfal-

tung von Bewusstsein. Er drückt sich durch seine Entfaltung selbst aus. Erkennbar sind drei Richtungen:

- *Differenzierung:* Es gibt keine identische Wiederholung. Jedes Blatt eines Baumes, jede Schneeflocke ist einmalig.
- *Innere Entfaltung:* In allem wirkt ein inneres Mysterium. Es gibt nichts im Kosmos, kein Partikel, das dieses innere Geheimnis nicht in sich trüge.
- *Allverbundenheit:* Alles ist mit allem verbunden. Es gibt kein Partikelchen, das nicht existenziell mit anderen verbunden wäre. Es sprengt sogar – die Quantenphysik zeigt das – die konventionellen Grenzen von Raum und Zeit. Es gibt nichts, was ohne anderes wäre. Es bestehen unendliche Beziehungen im Kosmos.

Diese Verbundenheit im Kosmos ist eine Erfüllung, wenn sie mit Einmaligkeit einhergeht. *Thomas von Aquin* hat es als „allverbundene Einmaligkeit" bezeichnet.

Die Entfaltung trägt den Sinn in sich selbst. Letztendlich ist das der Sinn von allem, auch von uns Menschen: uns schöpferisch zu entfalten, um uns in unserer Einmaligkeit und Gleichzeitigkeit in unserer Allverbundenheit zu erkennen. Dies ist die Erleuchtung, die Selbsterkenntnis in unserem Leben.

3.2 *Die „Hüter des Herzens"* und der Dialog in der Kangurua

Zentraler Heiliger Platz von Teyune

Von oben sehe ich plötzlich im karibischen Urwaldgrün die kunstvoll aus Steinplatten eingefassten Hochplateaus mit ihren saftigen Grasflächen. Dort liegt *Ciudad Perdida*, die verlorene Stadt *Teyune*, die noch 400 Jahre nach der Eroberung durch die Spanier im kolumbianischen Urwald verschwunden blieb. Eine archäologische Fundstätte, welche die Dimensionen der Inka-Stadt *Machu Picchu* weit übertrifft. Der Hubschrauber setzt mich ab, stürzt zurück ins Tal.

Stille. Mehr als das. Eine eigenartig magische, fast sakrale Stimmung umfängt mich. Selbst die Bäume, Büsche und Steine scheinen sie in sich zu tragen. Einige Kogi, Angehörige des letzten Indianerstammes der Erde, der seine Hochkultur über Jahrhunderte bewahrt hat, nehmen scheinbar unbeteiligt Notiz von meiner Anwesenheit. Es ist, als wenn sie durch mich hindurch blickten. Ich befinde mich auf den Zinnen der *Sierra Nevada de Santa Marta,* dem mit rund 5800 m höchsten Küstengebirge der Welt.

Nur knapp 400 Kogi von ehemals etwa 500 000 haben das entsetzliche Gemetzel der spanischen Eroberer und Goldräuber von 1599 überlebt. Sie flüchteten in die höher gelegenen Gebiete der Sierra, um ihre Kultur zu bewahren. Sie verstanden die Spanier nicht, die nur auf das Gold aus waren und sie als Sklaven verkaufen wollten. Für die Kogi machte das sonnige Gold nur Sinn als künstlerisches Mittel ihres Fruchtbarkeitskultes. Hier oben schützte sie das zerklüftete, fast unzugängliche Gebirgsmassiv. In den letzten Jahrzehnten war die Umgebung dieses Gebirges weitgehend durch den Kampf zwischen Drogenbaronen, Guerillas, Paramilitärs und Siedlern geprägt. Erst 1999 stellte der Staat das einmalige Naturreservat unter seinen Schutz. Betreten verboten. Eine Sondergenehmigung des kolumbianischen Umweltministeriums verschaffte mir jedoch unerwartet einen kleinen Einblick in diese Parallelwelt. Kunstvolle Natursteintreppen und Bewässerungskanäle verbinden die Plateaus und Terrassen in einem komplexen System miteinander. Ein rund zwei Meter großer Stein stellt mit seinen Linien und Formgravuren die reale und mystische Landkarte dieses Siedlungsökosystems dar.

Für die Kogis ist die Sierra Nevada die heilige Mutter und das Herz der Welt. Die Flüsse sind der Blutkreislauf. Der Wald ihre Haut. In den Höhlen ist der Sitz der Ahnen. Sie nennen sich selbst die „älteren Brüder“, fühlen sich verantwortlich für die Große Mutter Erde und sorgen sich über die Dummheit, Unkenntnis, Gier und Habsucht ihren „jüngeren Brüder“, den Rest der Menschheit. Im Zentrum ihrer

Spiritualität steht *Aluna*, eine geheimnisvolle Mutterkraft. Sie kommt aus dem Meer, dem Fruchtwasser. Dieses Konzept der Weiblichkeit ist auf Ausgleich und Harmonie ausgerichtet. Aluna ist die spirituelle Mutterkraft, die sowohl die materielle Form als auch ihren geistigen Inhalt gebiert und damit dem höheren Geist, der Intelligenz, seine materielle Form verleiht. Die lebendige Mutter Erde wird durch die kosmische Energie von Vater Sonne am Leben erhalten.

Alles spricht. Gestirne, Wolken, Berge, Wald, Bäche, Seen tragen ein spezielles Bewusstsein und sie alle können Botschaften und tieferes Wissen übermitteln. Ohne dieses Wissen kann unbedacht der natürliche Energiekreislauf nachhaltig gestört werden. Das Studium dieses Zusammenhangs bildet daher die Basis für die Sinnhaftigkeit des Lebens. Das ökologische Wissen um die tieferen Zusammenhänge in der Natur macht die Kogi zu einzigartigen Gärtnern und Bauern. Sie pflanzen und ernten seit Jahrhunderten ihre alten Sorten, ohne auch nur eine Spur von Ertragsminderung oder Bodenerosion hervorzurufen. Während unten im Tal die staatlichen Programme nur ein paar bescheidene Eukalyptusplantagen zu Stande bringen, wachsen im Gebirge versteckt und integriert zwischen Bäumen Bananen, Papayas, Ananas, Yuccas, Tomaten, Kartoffeln und Bohnen, mittlerweile für rund 18 000 Menschen im Umkreis. Jede Familie besitzt zwei oder drei Gartenstücke in den unterschiedlichen Klimazonen des Gebirges, um die jeweils typischen Früchte in ihrem natürlichen Umfeld ernten zu können. Sogar ihre Kleidung spiegelt diese lebendige Struktur, indem die drei typischen Kleidungsstücke der Kogi den Vegetationszonen entsprechen. Der Rohstoff der Baumwollhose wächst im warmen Unterland; die helle Tunika symbolisiert durch Wollgewebe die gemäßigte Zone der Schafzucht und der spitze

Hut, der Boro, wird aus Pflanzenfasern der Hochebenen geflochten.

Im Zentrum der Kogi-Ethik steht der Erwerb von Wissen über das komplexe Zusammenleben zwischen den Menschen und ihrer natürlichen Mitwelt, sowie deren kosmische Einbettung. Ziel ist ein Leben im Gleichgewicht aller Kräfte auf bescheidener, verantwortungsbewusster Basis. Weil alles belebt ist und eine Seele hat, ist der bewusste Umgang mit den natürlichen Ressourcen eine Selbstverständlichkeit. Die Aufgabe, diese spirituelle Lebenshaltung zu bewahren, ist die Aufgabe der Mamas. Es sind die Weisen-Priester-Schamanen, welche durch ihre 18-jährige Ausbildung ein profundes Wissen in Astronomie, Meteorologie, Mineralienkunde, Tierverhalten, Gartenbau, Ernährung, Geschichte, Tänzen, Ritualen, Sozialverhalten und Gesundheitspflege erlangt haben und gleichzeitig in der Lage sind, eine höhere Form von Wirklichkeit in alle alltäglichen Belange einzubeziehen. Um dies zu erreichen, werden sie in den ersten neun Lebensjahren allein in den Bergen aufgezogen, um eine eigenständige Verbindung zur Natur aufzubauen und zu lernen mit Aluna, der geistigen Dimension des Schöpfungsmythos, unmittelbaren Kontakt aufzunehmen. Durch die unmittelbare Beteiligung der Mamas am Alltagsleben der Kogis ist die Einbeziehung anderer Wirklichkeiten und Dimensionen des Weltgeistes gewährleistet und gedankenloses Handeln wird reduziert. Für das Ausleben von Eitelkeiten, für Oberflächlichkeit und Selbstinszenierung bietet das soziale Leben der Kogi wenig Raum.

Die Kogi-Gesellschaft ist weder matriarchal noch patriarchal organisiert. Der wichtigste Ort für eine gemeinsame Entscheidungsfindung ist der Dialog. Er findet meistens in der Dunkelheit in der Gemeinschaftshütte, der Kankurua statt. Jeder hat die Möglichkeit, sich auf alle Aspekte dessen zu beziehen, was die jeweilige Angelegenheit oder Aufgabenstellung ausmacht. Jeder kann in demokratischer Reihenfolge das Wort ergreifen und hat selbst das Recht, ohne Bewertung gehört zu werden. Bei einem komplexen Thema kann diese Runde mehrere Nächte in Anspruch nehmen. Zum Schluss fasst ein Ältester, der sich durch Erfahrung, Weisheit und Gerechtigkeit auszeichnet, die kollektiven Gedanken des Gruppenprozesses zusammen und strukturiert sie, ohne jedoch eine Entscheidungsrichtung vorzugeben. Die Entscheidung selbst wird in einem weiteren Prozess der Weissagung gefällt, bei dem die möglichen Folgen gründlich bedacht werden. Dazu treffen sich Frauen und Männer nachts getrennt an besonderen spirituellen Orten.

Die Kogi fühlen sich durch ihr ganzheitliches Denken und durch ihr Konzept der Mutter Erde auch für die Zukunft ihrer „jüngeren Brüder", also für uns, verantwortlich. Zugleich sind Vorboten des Klimawandels in Form vorzeitiger Schneeschmelze und erschwerter Wasserversorgung in der Sierra Nevada de Santa Marta ebenfalls zu spüren.

Vor gut zwei Jahren brachte der ehemalige kolumbianische Umweltminister und Botschafter des Landes, Juan Mayr, zwei Kogi Mamas nach Berlin. Sie waren auf der Spur zweier bedeutsamer Masken aus vorkolumbianischer Zeit, die unter nicht ganz geklärten Umständen Anfang des 20. Jahrhunderts von dem deutschen Ethnologen Konrad Theodor Preuss nach Berlin gebracht worden waren. Da die Kogis sich als Hüter der Erde fühlen und diese Masken aus ihrer Sicht dazu dienen, das Gleichgewicht in der Natur auf diesem Planeten aufrechtzuerhalten, hatten sie sich auf diese ungewöhnliche Reise gemacht. Im Museum machten sie ihre Rituale, nahmen Kontakt mit den Masken auf und stellten fest, dass es ihnen schlecht gehe, da sie sich eingesperrt fühlten und von einer völlig unverständlichen Welt umgeben seien. Die Kogis baten um die Herausgabe ihrer Kulturgüter, damit sie entsprechend ihrer ursprünglichen Bestimmung wirksam werden könnten. Von deutscher Seite wurden allerlei versicherungstechnische Probleme ins Spiel gebracht und sogar die Gefahr einer Vergiftung durch die eingesetzte Konservierungschemie an die Wand gemalt. Der Museumsdirektor stellte schließlich vage in Aussicht, künftig irgendwann im Rahmen eines Kulturabkommens eine gemeinsame Lösung zu finden, wenn die Kogis in der Lage seien, vor Ort angemessene moderne museale Lagerungstechniken einzusetzen.

So aber reden zwei Kulturen aneinander vorbei, die bürokratischen Vertreter musealer Materie und der Geist von spirituellen Aktivisten des lebendigen Rituals. Selbst der damals amtierende Außenminister Steinmeier sah sich genötigt, in dieser Auseinandersetzung persönlich zu den Kogis nach Kolumbien zu reisen. Das Ergebnis: Ein eigentumsrechtliches Gutachten soll erstellt werden. Der traurige Kommentar der Kogis: Wir müssen in der Sierra Nevada de Santa Marta das Herz der Welt bewahren. Falls es dort aufhört zu schlagen, wird die Erde aufhören zu leben.

3.3 *Als Schamane muss ich zwischen den Welten wechseln* Ein Gespräch mit Galsan Tschinag

Galsan Tschinag erblickte 1944 als jüngster Sohn eines tuwinischen Viehzüchters im Nordwesten der Mongolei das Licht der Welt und ist heute Stammesoberhaupt der Tuwa. 1961 studierte er in Ulaanbaatar (Ulan Bator) mongolische Sprache und Literatur und anschließend von 1962 bis 1968 Germanistik an der Leipziger Universität. Seit 1991 arbeitet er als freier Schriftsteller und wurde mit zahlreichen Preisen ausgezeichnet.

„Geschichten sind ein fester Bestandteil des Alltags“

Hartkemeyer: *Dein Weg in die deutsche Sprachwelt erforderte wohl einen großen Sprung?*
Tschinag: Ich erinnere mich, wie ich eines Tages in das Studentenwohnheim in Leipzig einzog, zum ersten Mal in meinem Leben die Jurte gegen ein Haus mit vier steinernen Wänden eintauschte, wie ich unter schrecklicher Einsamkeit und Klaustrophobie litt, ein Hühnerei und eine Banane samt Schale verzehrte, da mir beides aus dem Nomadenhaushalt nicht bekannt war. Ich lernte Deutsch und wurde Freund der Familie Erwin Strittmatter und begann unter seiner Obhut Gedichte und Prosa in deutscher Sprache zu schreiben. Denke ich an Leipzig, fällt mir meine Mutter ein. Die Stadt hat mich in sich eingelassen, so wie ein weiblicher Körper eine Keimzelle aufnimmt. Und hat mich getragen, ertragen, ausgetragen und als ein vorerst ausgebrütetes geistiges Wesen auf die Welt gesetzt. Im Schoß der Mutter Leipzig kam ich zu dem Namen Galsan Tschinag. Der natürlich nicht stimmte, wie übrigens auch die weiteren Angaben nicht, die sich in meine Papiere eingeschlichen hatten und mich nun auswiesen: Geburtsdatum und Nationalität. Aber das schien keinen zu stören, so wie es mich nicht störte. Ja, es belustigt mich, durch Länder und ihre Kontrollen mit lauter Erfindungen zu gehen.

Wie hat Leipzig Dein Wesen verändert? Wurde die Spannung zwischen Deinen inneren Welten erhöht?
Leipzig war für mich die große, vornehme Außenwelt, die Kultur und der Fortschritt, der industrialisierte Westen, der mir bis dahin unbekannt war. Das alles begriff ich erst zum Schluss. Da war es längst geschehen. Aus dem blinden Welpen war ein Wesen geworden – auf einem Auge zwar immer

noch blind – aber mit der Stärke behaftet, der Sache, die anstand, mit der Treue eines Hirtenhundes und dem Wahnsinn eines Geistesbehafteten zu dienen. Und meine Sache blieb die Wortkunst.

Was machte die deutsche Sprache mit Dir?
Von einem Ohr, das achtzehn Winter verhärtet haben, wollten sich die wildfremden Beziehungen nicht leicht einfangen lassen. Sie sind scheuer als die Wildpferde in den mongolischen Steppen. Vor allem die Substantive ähneln verteufelt den windgeilen Stuten, die an der Spitze der Herde hin- und her tänzeln. Jeder hat so etwas wie ein Fohlen bei sich; den Artikel. Und ein Fohlen, muss man wissen, ist schlüpfrig wie ein Fisch: das Lasso bleibt zehnmal schwieriger an ihm hängen als an einer eckigen und kantigen Stute. Nicht umsonst heißt es wohl: Fängst du ein Fohlen auch erst mit dem dritten Wurf, so halte dich schon für einen Lassokönner. – Ich bin nie ein Lassokönner gewesen, und es sah nicht so aus, als ob die fremde Wortherde einen aus mir machen werde.

Deine Dichtungen scheinen Wort- und Sprachwelten zu überspringen – Begriffe und Worte werden neu verwendet und werden Elemente für ein anderes Fantasieuniversum. Vielleicht gibt es in unserer zunehmend digitalisierten Konsumwelt eine Sehnsucht nach archaischen Mustern, nach einer neuen intensiveren Beziehung zu dem, was wir Natur nennen?
Wenn ein Nomade frühmorgens aufsteht, steigt er auf die Berge und betrachtet die ganze weite Umgebung. Das geschieht zunächst aus praktischen Gründen: man schaut nach den Pferden, Kühen und Nachbarn. Dann aber gehen die Betrachtungen ins Innere: sich in der Stille eine Erzählung denken, die man dann, noch ganz frisch, zu den Sippenmitglie-

dern in die Jurte trägt. Auf diese Weise werden Geschichten zu einem festen Bestandteil des nomadischen Alltags.

Wir westlichen Menschen hetzen eher durch den Alltag. Mit einer Tasse Kaffee „to go“ springen wir ins Auto, um gerade noch pünktlich beim nächsten Meeting zu sein. Wir verdrängen häufig Krankheit, Alter und Tod.
Als der Himmel die Zeit schuf, hat er genug davon geschaffen, besagt ein mongolisches Sprichwort. Und wir wähnen deshalb, unendlich viel Zeit zu haben. Die Zeit ist ein Ozean, größer als alle Weltozeane zusammengerückt. Sie kann nicht alle werden, während alles andere, selbst die Weltozeane, einem Ende entgegensteuern. Die Zeit ist end- und alterslos. Sie ist auch geschichts- und gestaltlos. Dass sie in Vergangenheit, Gegenwart und Zukunft geteilt wird, ist eine menschliche Erfindung. Der Mensch nennt den Teil, wo er sich gerade befindet, Gegenwart. Es ist, als wenn eine Laus vom Hals zum Nabel wandert. An der Brust angekommen, kann sie meinen, der Hals sei die Vergangenheit und der Nabel sei die Zukunft.

Das schamanische Universum scheint sich durch Zeitlosigkeit und Allverbundenheit auszudrücken.
Wenn ich in das schamanische Wissen eintauche, kann ich tiefer sehen. Ein Schamane scheint ein Mensch mit einer besseren Antenne zu sein. Und durch diese Form der Wahrnehmung wandelt er die Welt. Einstein sagte einmal, sogar wenn eine Maus das Weltall ansieht, wandelt es sich. Das ist auch die Erkenntnis der Quantenphysik. Und daher kann jeder Mensch ein kleiner Schamane sein. Das, was wir die Wirklichkeit nennen, ist oberflächlich, eine Illusion. Wir handeln aber aufgrund dieser Oberflächlichkeit und zerstückeln die Welt in Fächer, Zuständigkeiten, Interessen.

Das ist vielleicht das, was David Bohm in seiner Dialogtheorie mit Inkohärenz bezeichnete.
Ich lebe, wenn Du so willst, in der Vergangenheit und in der Zukunft. Dabei ist für mich kein Unterschied zwischen dieser und jener. Das Gewesene ist so verschwommen wie das Bevorstehende. Das Bevorstehende ist eigentlich so sicher wie das Gewesene. Meine Gegenwart ist von dem einen wie dem anderen bestimmt. Und da ich nun wähne, ein Schriftsteller, und damit Teil des Welthirns und des Weltgewissens zu sein, sind mir die geschriebenen Bücher und niederzuschreibenden Bücher gleich. Sie sind Teil eines Ganzen, das nicht das Galsanische, nicht das Tuwa-Nomadische, nicht das Mongolische noch das Deutsche heißt, sondern Literatur in der Welt, die menschlich, aber vor allem zeitlos ewig ist. Es ist, als wenn ich Verantwortung trage für das Wohl der Ameisen wie auch für das der Sterne.

Wie aber kommen Erkenntnis und Handlung zusammen?
Vieles fällt in parallelen Ereignissen zusammen. Gutes zieht Gutes, Schlechtes zieht Schlechtes an. Die Außenwelt wird zum Spiegel. Der Schamane ist imstande, sich über die Kurzstrecken in der Zeit zu erheben und auf alles zu schauen, alles aneinander- und zusammenzurücken und die Grenzen, die eigentlich nur auf der Unfähigkeit im menschlichen Sinne beruhen, aufzuheben. Das Jetzt zu leben ist Ausdruck rechter Gesundheit, die Krankheit ist das Lavieren im Vergangenen, das Schwelgen in Zukünftigem. Wer aber jetzt lebt, lebt stark, lebt auf vertrautem Fuß mit anderen, hat Vertrauen in seine Kräfte, ist Mensch. Aber andererseits: Künstler sind, gleich wo sie sind und wie sie heißen – Dichter, Schamane oder Heiler – letzten Endes anfällige und ohnmächtige Wesen.

Wie passt diese Weltauffassung mit der wissenschaftlichen Weltsicht zusammen?

Es kommt darauf an, welches Wissenschaftsverständnis Du hast. Wenn Du den heutigen fast universellen Materialkonsum und die darauf basierende Wissenschaftsgläubigkeit meinst, dann bin ich in einer anderen Welt. Wenn Du aber die Quantenphysik und die Ökologie nimmst, sieht es anders aus. Das führt uns zur Idee der Allverbundenheit und dann liegen archaischer Glaube und modernste Wissenschaft nah zusammen. Unser Glaube, in allem zu leben, ist der kürzeste Weg zur Aufhebung der Grenzen. Ich bin nicht ewig Mensch, so werde ich auch nicht ewig Stein sein, sowie ich nicht ewig Alge, Fisch, Luft und Wasser gewesen bin. Ich bin dies und das, ich bin es immer wieder, so bin ich alles, so bin ich es immer und überall. Dies schafft Distanz und Nähe zugleich.

* * *

Kapitel 4

Organisationsentwicklung oder soziale Kunst?

Das Geschenk

Unsere Verbindung sieht so aus:
Wenn du frierst,
Hole ich eine Decke und packe
Unsere zitternden Füße ein.

Wenn du hungrig bist,
Laufe ich in meinen Garten
Und buddle Kartoffeln aus.

Wenn du Trost und Weisung brauchst,
Knie ich mich schnell an deine Seite
Und biete dir
Dieses ganze Buch an –
Als Geschenk

Wenn dich des Nachts deine Einsamkeit quält
Und du so viel weinst

Sage ich:
Hier ist ein Band –
Binde es um mich!

Hafis wird Dich Dein Leben lang begleiten.

Hafis

4.1 *Dialogfähigkeit als Kernkompetenz* Die Praxis systemischen Denkens in lernenden Organisationen

> *Wir leben im Zeitalter der Entwicklung der Bewusstseinsseele, das heißt derjenigen inneren Seelenverfassung, in der vor allen Dingen alles darauf ankommt, dass die Menschen als Individuen sich aus den Impulsen ihrer Seelen heraus selber ein Urteil bilden, dass die Menschen lernen, die Tatsachen in unbefangener Weise auf sich wirken zu lassen, um aus dem vollen Bewusstsein heraus ihr Urteil zu bilden.*
>
> Rudolf Steiner

In der Organisationsentwicklung geht es in der Regel um die Effizienzsteigerung in der Zusammenarbeit von Menschen in organisationalen Strukturen. Es geht um das effektive Management von „human ressources".

Die Erkenntnis der „latenten Funktionsgrammatik von Organisationen", wie es in der Organisationssoziologie so schön heißt, ist in der Regel nicht das Ziel. Sie würde ja die realen Macht- und Funktionsverhältnisse offenlegen oder den „heimlichen Lehrplan" berühren, wie es die Bildungssoziologie nennt.

Eine Alternative, die Rudolf Steiner als „Soziale Kunst" bezeichnet und im Bildungswesen „Erziehungskunst" nennt, geht von anderen Voraussetzungen aus. Für die Tatsache, dass jeder Mensch auf vielfältige Art und Weise in soziale Verhältnisse verflochten ist und sie bewusst oder unbewusst mitgestaltet, gibt es den Begriff des sozialen Organismus'. Er bezeichnet eine Art von Organisation, die alle Menschen in sich vereint, die an einem gemeinsamen Ziel arbeiten und sich diesem bewusst verpflichtet fühlen. Allerdings umfasst diese Organisationsform die unterschiedlichsten Individuen mit ihren biografischen Eigenheiten und ihrer Arbeits-, Gesprächs- und Gefühlskultur, die das Spezifische der jeweiligen Organisation ausmacht. In jedem Fall entsteht in einer Arbeits- und Erkenntnisgemeinschaft, wo sich die Menschen mit einem gemeinsamen Erkenntnisideal zusammenfinden und sich zusammen entwickeln, eine spezielle Sozialgestalt, in der die Kommunikation eine zentrale Rolle spielt.

In dieser Organisation wird das Verhalten des Einzel-Menschen auch davon bestimmt, welches Bild die anderen von ihm haben. Die Vorstellungen und Bilder, die ich von mir habe, die andere von mir haben und die auch ich mir von andern mache, können sich als hinderlich für eine lebendige Beziehung erweisen. Martin Buber beschreibt, wie solche Bilder, die Menschen sich von sich und voneinander machen, zu Barrieren zwischen ihnen werden können und eine direkte Beziehung, einen lebendigen Austausch erschweren oder gar unmöglich machen. Sie treten als „Scheingestalten“ zwischen die Menschen und blockieren ihren Kontakt:

„Stellen wir uns nun zwei Bildmenschen vor, die beieinandersitzen und miteinander reden – nennen wir sie Peter und Paula – und zählen wir die Figurationen nach, die dabei im Spiel sind. Da sind erst mal der Peter, wie er der Paula erscheinen will, und die Paula, wie sie dem Peter erscheinen will; sodann der Peter, wie er der Paula wirklich erscheint, Paulas Bild von Peter also, das gemeiniglich keineswegs mit dem von Peter gewünschten übereinstimmen wird, und vice versa; dazu noch Peter, wie er sich selbst, und Paula, wie sie sich selbst erscheint; zu guter Letzt die leibliche Paula und der leibliche Peter. Zwei lebende Wesen und sechs gespenstische Scheingestalten, die sich in das Gespräch der beiden mannigfaltig mischen! Wo bliebe da noch Raum für die Echtheit des Zwischenmenschlichen!" (Buber 1994; leicht geändert)

Wenn es auf die Echtheit des Zwischenmenschlichen ankommt, so heißt das, dass wir zwischen uns und den anderen keinen Schein sich einschleichen lassen. Das erfordert Bewusstheit für beide Seiten: die Sicht auf mich und auf mein Gegenüber. Das Ringen um Bewusstheit stellt sich als Versuch dar, das eigene Wesen so wahrzunehmen und so darzustellen, dass ich mir – zumindest hin und wieder – diese Scheingestalten bewusstmache: sowohl in meiner Selbst-Wahrnehmung als auch in der Wahrnehmung anderer. Es bedeutet, auch nicht besser erscheinen zu wollen als ich bin, zu meinen Schwächen und Fehlern zu stehen, mich nicht hinter einem Bild zu verstecken, das ich anderen präsentiere.

„Wir dürfen zwei Arten menschlichen Daseins unterscheiden. Die eine mag als Leben vom Wesen aus, Leben bestimmt von dem, was einer ist, die andere als Leben vom Bilde aus, Leben bestimmt von dem, wie einer erscheinen will, bezeichnet werden." Martin Buber

* * *

Erinnerungen an Menschen, die uns wichtig sind, tragen wir als Bilder, Szenen, Gerüche, Worte, Klänge im Gedächtnis. Wir halten so – durch die Erinnerungen – eine Verbindung aufrecht. Oftmals formen diese Bilder aber eine eigene Wirklichkeit, so dass sie bisweilen die Begegnung mit dem tatsächlichen, lebendigen Menschen erschweren.

Wie nehmen wir andere Menschen wahr und wie sehr überlagern Erfahrungen, die wir mit anderen gemacht haben, die Gegenwart? Für Max Frisch kommt noch ein weiterer

Aspekt dazu: Das Bild, die Annahme, die wir von jemand anderem haben, wirkt auch auf ihn zurück. Wie wäre die Welt, wenn wir in den Menschen tatsächlich die verborgenen Potenziale und Möglichkeiten sehen könnten, ja *diese* in sie hineinsehen würden?

„In gewissem Grad sind wir wirklich das Wesen, das die andern in uns hineinsehen, Freunde wie Feinde. Und umgekehrt! Auch wir sind die Verfasser der andern; wir sind auf eine heimliche und unentrinnbare Weise verantwortlich für das Gesicht, das sie uns zeigen, verantwortlich nicht für ihre Anlage, aber für die Ausschöpfung dieser Anlage. Wir sind es, die dem Freunde, dessen Erstarrtsein uns bemüht, im Wege stehen, und zwar dadurch, dass unsere Meinung, er sei erstarrt, ein weiteres Glied in jener Kette ist, die ihn fesselt und langsam erwürgt. Wir wünschen ihm, dass er sich wandle, o ja, wir wünschen es ganzen Völkern! Aber darum sind wir noch lange nicht bereit, unsere Vorstellung von ihnen aufzugeben. Wir selber sind die letzten, die sie verwandeln. Wir halten uns für den Spiegel und ahnen nur selten, wie sehr der andere seinerseits eben der Spiegel unseres erstarrten Menschenbildes ist, unser Erzeugnis, unser Opfer." (Max Frisch)

Wissen Sie, welche Bilder Sie über Ihre Partnerin, Kinder, Nachbarn oder Freunde im Kopf haben? Wir brauchen Bilder immer wieder zur Orientierung, zum Erhalt einer Beziehung, zum Anknüpfen eines Gesprächs. Aber sie stellen sich so spontan ein, dass wir kaum wissen, woher sie kommen, wie sie entstehen und wie wirksam sie sind. Problematisch wird es erst, wenn wir glauben, wir hätten sie nicht und wir wären daher völlig unvoreingenommen. Bilder helfen uns, indem sie die Komplexität dessen, was wir wahrnehmen, reduzieren. So löschen sie wesentliche Eigenschaften aus und erkennen an anderen das, was wir selbst „kennen". Unser innerer „Bildermacher“ wird aktiv, wenn er etwas, das wir verdrängt haben, auf andere projizieren kann oder etwas von uns Ungelebtes bei anderen bewundert und „vergoldet“. Die Bilder werden geprägt von gesellschaftlichen Rollen und Vorstellungen, von Moden, Schurken und Helden, die zum Beispiel von der Medienwelt inszeniert werden. Diese verzerrten Bilder bestimmen zu einem schwer einzuschätzenden Anteil unser Verhalten gegenüber den Abgebildeten. Weil diese Bilder nach Bestätigung ihres Vorurteils suchen, tendieren sie dazu, auf die Dauer stabiler und resistenter gegen neue Erkenntnisse und Erfahrungen zu sein.

Im Dialogprozess haben die Beteiligten die Chance, durch den gegenseitigen Austausch ihre Vorurteile zu revidieren. Weil auch Gruppen kollektiven Vorurteilen unterliegen können und sich diese im Gruppenprozess verstärken können, ist es notwendig, die eigenen Anteile zu erkennen und zu revidieren (die Beobachterin beobachten). Bilder, die andere von uns haben, Erwartungen, die an uns gestellt werden, können uns sowohl blockieren als auch ermutigen; auch eigene innere Bilder, die wir von uns selbst haben, hinterlassen ihre Spuren. Die lebenslange Kunst der Entwicklung bleibt der Versuch, in Verbindung zu unseren Möglichkeiten, zu unserem „wahren Selbst“ zu treten, zu dem, wie wir gemeint sind, was in unserem „transpersonalen Selbst“ (Ferrucci, 1999) als Potenzial aufscheint, so wie die Schöpfung, vielleicht wie „Gott“ uns gemeint hat. Dialog im Alltag beruht auf der Bereitschaft, des Öfteren neu hinzuschauen und alte Muster zu hinterfragen. Sie kennen vielleicht das Gefühl, sich in einer Situation fehl am Platze zu fühlen – wenn eine hitzige Diskussion über Politik, Sport oder Arbeit stattfindet. Nicht immer gelingt es dann, sich mit einer dialogischen – interessierten – Haltung einzubringen und die Atmosphäre zu ändern, ohne belehrend zu wirken. Der Grat bis zum Besserwisser oder zur „Besser-Wessi"-Haltung ist schmal. Vielleicht können Sie aber Anstöße dafür mitnehmen, wie Sie sich bei anderer Gelegenheit einbringen wollen? Oder einfach für sich selbst mehr innere Klarheit gewinnen, wie Sie Gespräche führen wollen und welche Begegnungen Ihnen wichtig sind?

Auch das *Erwartungsverhalten* im Feld der Organisation, der Aufforderungscharakter (siehe Kurt Lewin, *Feldpsychologie*) spielt eine wesentliche Rolle. Ist dieses Erwartungsverhalten zu starr, wird es für den Einzelnen nicht einfach, sein Verhaltensmuster zu ändern. Im Negativfall kennen wir das vom Suchtverhalten, wenn ein Betroffener nach der Therapie wieder in sein altes Erwartungsfeld zurückkehrt. Weil das unausgesprochene Erwartungsverhalten der Gemeinschaft so wirksam ist, kann der Dialog ein echter Schlüssel für wirkliche Veränderungsprozesse sein. Im positiven Fall werden dem Einzelnen Entwicklungsmöglichkeiten klar, die ihm vorher überhaupt nicht ins Bewusstsein getreten sind. Im besten Fall heißt das: wer mit seinem Innersten im Einklang steht, strahlt Schönheit aus. Das Ideal ist eine Organisationsform, in der die sozialen Erfahrungsräume so beschaffen sind, dass jedes Mitglied seine ureigenen individuellen Impulse in der größten Freiheit einbringen kann. Aber das setzt auch voraus, dass jeder einzelne sich dieser Entwicklung stellen möchte und für seine Verantwortung einsteht.

Konventionelle Organisationsstrukturen können diese Idealform in der Regel nicht verwirklichen. Macht, Hierarchie und Karrieremuster stehen dem entgegen. Das soziale Feld in der Organisation und der Einzelne stehen immer in einem komplexen Wechselverhältnis. Aber immer deutlicher wird, dass eine freilassende Sozialkultur eher in der Lage ist, schöpferische Phantasiekräfte des Einzelnen zu fördern, zu entwickeln, und therapeutisch beziehungsweise salutogenetisch gegen das zunehmende Burn-Out-Phänomen zu wirken. Heute stellt sich jedoch auch zunehmend die dringende Frage, welchen Sinn die jeweilige Organisation im Kontext der großen Aufgaben des Weltganzen erzeugt.

Die Frage nach der Erziehung zum wirklichen Menschsein ist eine uralte Frage der abendländischen Philosophie. Von ihr wurde auch Platons Akademie in Athen getragen. Eine schriftliche Antwort darauf wurde wohlweislich von Plato niemals verfasst. Er strebte Erkenntnisse über eine Lebensweise an, die nicht wie anderes Wissen formuliert und weitergegeben werden kann. Bestehende Begriffe und Formulierungen werden in einem neuen Kontext und Sinnzusammenhang verwendet, die für den unvorbereiteten Geist unverständlich sein würden und daher nur mündlich im Dialog weitergegeben und von Erfahrung durchdrungen werden müssten. Es könne also nur auf unkonventionelle Art erworben werden, „indem es, vermöge der langen Beschäftigung mit dem Gegenstande und dem Sich-hinein-leben, wie ein durch einen abspringenden Feuerfunken plötzlich entzündendes Licht in der Seele sich erzeugt und dann durch sich selbst Nahrung erhält.“ (Platon, Siebter Brief)

Daher hatten auch dialektische Übungen einen wesentlichen Platz im Unterricht der Akademie. Dabei ging es nicht darum, das Gegenüber in einem gelehrten Streitgespräch, einer heftigen Diskussion oder Debatte rhetorisch zu besiegen, sondern um eine gemeinsame Anstrengung, die zu neuer Erkenntnis führt. Dieser Dialog wurde als asketische Übung verstanden, um sich einer Wahrheit zu öffnen, die über die bisherigen Erkenntnisse und Standpunkte der Kontrahenten hinausweist. Das bedeutete die Schulung der Fähigkeit, sich so in einen anderen hineinzuversetzen, dass man auch den eigenen Standpunkt als relativ wahrnehmen konnte und dadurch die Fähigkeit zu einer gemeinsamen geistigen Bereicherung entwickelte.

Die Chance für die Weiterentwicklung des Menschen durch den Dialog liegt für Platon darin, dass das Bewusstsein nicht linear funktioniert. Das heißt, es gibt sich nicht damit zufrieden, dass alles irgendwie seinen gewohnten Gang geht, sondern es sucht einen Sinn!

Im gewöhnlichen Alltag wird die Sinnsuche in der Regel durch die Alltagsprobleme verschüttet. Die normale Alltagsgewissheit stellt sich als scheinbar alternativlose Wahrheit dar. Das ist die Grundlage für starres Denken, das im Prinzip immer die Voraussetzung für Selbstbezogenheit, Einseitigkeit, Dogmatismus und Fanatismus bildet. Wenn die inneren Entwicklungskräfte aber nicht völlig verschüttet oder abgestorben sind oder wenn die bisherige Form des Alltags-Bewusstseins nicht mehr funktioniert, baut sich ein Veränderungsdruck auf. Dieser kann, besonders in kritischen Lebensereignissen, zu neuem Denken führen.

Dieser Drang nach Erkenntnis wurde auch von Goethe durch seinen Mephistopheles im *Faust* meisterhaft dargestellt. Bereits im Höhlengleichnis stellte Platon die großen Schwierigkeiten dar, die sich dem Menschen auf dem Weg der Erkenntnis entgegenstellen. Platon und auch Goethe waren sich einig darin, dass eine persönliche Entwicklung, die nicht mehr korrumpierbar ist, auf individueller Ebene beginnen muss, aber einen offenen Dialog erfordert. Wenn man so will, vom Wutbürger über den Mutbürger zum handelnden Erkenntnisbürger.

4.2 *Dialog mit der Zukunft* Ein Gespräch mit Joseph Jaworsky

Wie ist es möglich, über dialogisches Denken kreativ mit der Zukunft in Kontakt zu kommen und sich sogar aktiv mit dem Potenzial einer humanen Zukunft zu verbinden? Im folgenden Gespräch mit Joseph Jaworski versuchen wir diese Frage zu beantworten. Jaworski entwickelte das American Leadership Forum, eine Nichtregierungsorganisation, die sich der Entwicklung von neuen Führungsqualitäten für das amerikanische Management widmet. Ende 1980 wurde er von Shell mit der Leitung des Scenario Planning Team beauftragt, das er konzeptionell neu entwickelte. Seit 1994 arbeitete er im Führungsgremium des Center for Organizational Learning des MIT in Boston mit. Er gründete ebenfalls das Centre for Generative Leadership, später The Deeper Leadership Institute, ein Beratungsunternehmen, das sich auf Wandlungsprozesse von Großorganisationen, auf die Entwicklung von Führungsqualitäten und auf strategische Entwicklung spezialisiert hat. Jaworsky lebt heute in Austin, Texas.

„Sensibel werden für das, was sich entfalten möchte"

Hartkemeyer: *Joseph Jaworski, Sie haben sich in Ihrer Lebenszeit überwiegend mit der Frage der Entwicklung, Leitung und dem Wandel von großen Organisationen befasst. Was ist Ihr Hauptmotiv dafür gewesen?*

Jaworski: Ein entscheidendes Ereignis war für mich die „Watergate"-Affäre. Mein Vater wurde als Ankläger im Oktober 1972 mit der Aufklärung beauftragt. In den folgenden

Monaten entdeckte er die erschütternden Ausmaße dieser „Watergate"-Verschwörung und zog mich ins Vertrauen. Wir waren von dem, was dort geschehen war, tief bewegt. Der Verrat an der Verfassung und dieser atemberaubende Machtmissbrauch durch unsere „Machtelite" machten mich förmlich krank.

Was ist nach Ihrer Meinung falsch an der herrschenden Sicht von Führung?
Sie basiert auf dem Glauben, dass die Welt unabhängig von uns existiert und durch uns kontrolliert werden kann. David Bohm hat mein Denken stark beeinflusst. Er sah das gesamte Universum als eine verbundene Ganzheit. Bohm sah den Raum nicht als leer, sondern als ein Möglichkeitsfeld von machtvollen, wirksamen, wenn auch unsichtbaren Strukturen. Er glaubte, dass wir alle durch diese unsichtbaren Verbindungen in Beziehung stehen und dass diese Felder durch unsere Intentionen beeinflusst werden, durch unsere Art des Seins. Aber wir tendieren dazu, uns als abgetrennt von anderen zu definieren – als Individuen, als Institutionen oder als Nationen. Durch diese Art der Fragmentierung der Welt schaffen wir Barrieren zwischen uns und können das mögliche Potenzial dieser umfassenden Einheit unterhalb dessen, was wir als „Probleme" definieren, nicht erschließen.

Steht dieses Weltbild nicht in einem scharfen Konflikt zu dem herrschenden Prinzip der Maximierung des „shareholder value"?
Natürlich ist die wirtschaftliche Situation eines Unternehmens von zentraler Bedeutung. Der Profit ist für die Gesundheit einer Firma so wichtig wie die Atemluft für das menschliche Leben. Doch wir sollten nicht diese Grundanforderung

mit dem Unternehmenszweck verwechseln. Wir atmen, um zu leben, wir leben nicht, um zu atmen.

Wie können Unternehmensleiter den wirklichen Zweck ihrer Organisation, für die sie verantwortlich sind, entdecken? Ähnlich wie sie sich selbst entdecken – sie müssen auf eine Entdeckungsreise gehen. Sie fragen sich: Warum existiert dieses Unternehmen? Was ist der wirkliche Zweck dieses Daseins? Wenn eine Organisation wirklich außerordentliche Leistungen will, die zu ungewöhnlichen Ergebnissen führen, dann geht es nicht, ohne dass die Führungskräfte wirklich bereit sind, sich selbst und ihre Organisationen diesen Fragen auszusetzen, und zwar von diesem tieferen Zweck aus.

In Deutschland wird in Frage gestellt, ob Organisationen überhaupt in der Lage sind zu lernen. Was denken Sie?
Organisationslernen, welches ich definieren würde als die Fähigkeit der Organisation, mit der Zukunft in Kontakt zu sein, erfordert von uns die Fähigkeit, unsere Sichtweise von dem, was wir „Realität" nennen, neu zu denken. Meine Aufmerksamkeit geht nicht so sehr in Richtung „Veränderungen kreieren", sondern dahin, den Blick auf das zu richten, was darauf wartet, sich zu ereignen. Ich glaube nicht, dass es sinnvoll ist, eine Zukunft zu schaffen, indem wir ihr unseren Willen aufzwingen, sondern wir sollten eine Zukunft dadurch schaffen, dass wir unser gemeinsames Verständnis von dem, was darauf wartet, sich zu entfalten, vertiefen, um dann „im Konzert" mit dieser Möglichkeit zu handeln.

David Bohm sagte einmal: „Gedanken erschaffen die Welt und sagen dann: Ich war's nicht!" Wenn wir Menschen darin unterstützen, dass sie erkennen, wie sie gerade ihre eigene Realität schaffen, haben wir eine entscheidende Voraussetzung für den qualifizierten Wandel geschaffen. Ich interessiere mich besonders für die praktischen Anwendungen von David Bohms impliziter Ordnung. Die Zukunft ist nicht etwas außerhalb von uns Befindliches, sondern etwas, was wir in jedem Moment schaffen. Wir alle sind Bestandteile dieser unteilbaren Ganzheit des Universums, welche sich permanent aus dem Impliziten entfaltet und sich in der expliziten Welt darstellt.

Wir können unsere Kapazität entwickeln, sensibel für das zu werden, was sich entfalten möchte, und diesen Prozess durch die Entscheidungen, die wir treffen, zu leiten. „Szenario planning" ist beispielsweise ein Weg für Gruppen, um klarer die Wahlmöglichkeiten, die vor ihnen liegen, zu erkennen. Anstatt der traditionellen Form des „Szenario planning", bei dem es darum geht, angepasste Szenarien zu entwickeln, arbeiten wir mit „generativen Szenarien". „Scenario planning teams" haben die Aufgabe, Entwicklungstrends zu erspüren und mit eigenen Visionen und Strategien für eine erwünschte Zukunft zu verbinden.

Diese aktive statt reaktive Orientierung schafft eine tiefere Verbindung zu den Quellen der Kreativität in uns selbst und ein Gefühl der Verbundenheit der Beteiligten untereinander und hat eine außerordentliche Wirkung auf die Richtung, in der sich eine Organisation oder gar eine ganze Gesellschaft entwickelt. Und das geht nur durch einen wirklichen offenen Dialog.

* * *

4.3 *Zukunft ist etwas, was wir in jedem Moment erschaffen* Lernende Unternehmen und Organisationen

Was wartet darauf, sich zu entfalten? Felder werden durch unsere Intentionen beeinflusst. Joseph Jaworski sieht im Sinne von David Bohm das Universum als eine durch ein gemeinsames Feld verbundene Ganzheit. Und aufgrund der darauf aufbauenden Annahme, dass unsere Intentionen das Feld beeinflussen, macht es für ihn Sinn, sich auf das, was sich zur Entfaltung bringen möchte, so einzustellen, dass man die Zukunft rechtzeitig so mitgestaltet, wie man sie selbst will. Aufgrund dieser Interpretation der „Scenario-Technik" spricht Jaworski von „generativen" Szenarien, die sehr stark mit Intuition und Zeitqualitäten, wie „Koinzidenzien", zusammenhängen. Claus-Otto Scharmer hat in diesem Sinne das Konzept um die „6. Disziplin", das „Presencing" („presense" = vorausahnen), erweitert. Es geht darum, sich die Fähigkeit des kreativen Umgangs mit der Zeitqualität zu erarbeiten. Jaworskis generative Szenarios führten unter anderem dazu, dass Shell in Südafrika bereits vor dem Ende des Apartheidregimes aktiv an gesellschaftlichen Veränderungen mitarbeitete.

Die Arbeit mit Dialogprozessen steht in bundesdeutschen Unternehmen und Organisationen noch am Anfang – im Widerspruch zu dem mittlerweile weitverbreiteten Anspruch, sich selbst als „lernendes Unternehmen" oder als „lernende Organisation" zu verstehen. Eine Umfrage der Bad Harzburger Akademie für Führungskräfte ergab, dass mehr als zwei Drittel aller Restrukturierungs- und Organisationsentwicklungsprozesse in Bezug auf ihren eigenen Anspruch gescheitert sind. Das Scheitern war aber in erster Linie nicht durch mangelnde materielle Ressourcen verursacht, sondern zu über 80 Prozent durch Kommunikationsprobleme. Vor diesem Hintergrund sollte der Dialogprozess das Mittel der Wahl sein; denn er führt dazu, dass sich der Wahrnehmungshorizont der Beteiligten erweitert, dass neuer Spielraum für Verstehensprozesse, Begegnungen, Selbstorganisation und Mitverantwortung entsteht.

Der Dialog produziert aber auch Eigendynamiken, Paradoxien und Tiefenwirkungen, die mit einer enggeführten Designkultur nicht in Übereinstimmung zu bringen sind, und zwar in folgenden Bereichen beziehungsweise Feldern:

Hierarchie: Der Dialog rührt immer wieder auch an das Problem der Hierarchie. Diese Form der Unternehmensordnung wird zumindest für den Dialogprozess selbst suspendiert. Denn ohne die Gleichwertigkeit der Meinungen, Beobachtungen und Standpunkte sowie die „Gleichwürdigkeit" der Beteiligten funktioniert der Prozess nicht. Macht, Angst, Drohungen lassen das kreative Feld des Dialogs sofort kollabieren. Das Denken im Dialog kann die kollektive Intelligenz fördern, indem es sowohl die kreativen Denkprozesse des Einzelnen fordert als auch den gemeinsamen Fluss von Ideen stützt und alle Beteiligten mitverantwortlich macht.

Zeit: Dialogprozesse erfordern ihre Eigenzeit. Das dem Dialog innewohnende Prinzip der Verlangsamung führt in unserem zunehmend von Beschleunigungsprozessen gesteuerten Wirtschaftsleben zu Missverständnissen; denn: „Zeit ist Geld". Selten wird aber bilanziert, wieviel Zeit unverstandene Entscheidungen, missverstandene Diskussionsergebnisse oder Verweigerungshaltungen und „innere Kündigungen“ durch Nicht-Beteiligung kosten. Und bei Konflikten mit ihren Eskalationsdynamiken ist es den Beteiligten am Ende völlig egal, wieviel Zeit und Energie sie kosten. Erst der Blick eines „unbeteiligten Beobachters“ kann erkennen, wieviel vermeidbarer Schaden und Leerlauf für die gesamte Organisation entstanden ist. Dialogprozesse können aus dieser Perspektive aufgrund ihrer Langsamkeit von größerer Effizienz sein als Anweisungsprozesse und dazu eine hohe Effektivität haben, indem sie dialogische Intelligenz wecken.

Tiefenstruktur: Der Dialog bleibt nicht nur an der Oberfläche. Er arbeitet an der Tiefenstruktur von Organisationen, an den mentalen Modellen der Beteiligten und an dem grundlegenden Curriculum, den „heimlichen Lehrplänen“, der „latenten Funktionsgrammatik“. So tief soll der Prozess aus Sicht mancher Leitungsverantwortlicher dann manchmal doch nicht gehen. Obwohl gerade die Aufdeckung der Tiefenstruktur von Problemen die eigentliche Voraussetzung für die Lösung immer wiederkehrender Probleme und Konfliktmuster sein kann.

Nichtintendierte Wirkungen: Solche Tiefenerkundungen, das Arbeiten an den mentalen Modellen und mit mehrschleifigem Lernen, dies alles ist in Bezug auf das Ergebnis nicht beherrschbar. Mitarbeitende könnten zur Erkenntnis kommen, dass das jeweilige Unternehmen für sie letztendlich im Hinblick auf das Unternehmensziel oder den Umgang mit den Beschäftigten untragbar ist; oder sie könnten erkennen, welche enormen Potenziale auf eine Realisierung warten. Diese Eigendynamik kann risikoscheuen Führungskräften unangenehm sein.

Insgesamt zeigt dieses Kapitel die unterschiedlichen Muster, Erfahrungen und Wirkungsweisen des Dialogprozesses in Unternehmen und Organisationen auf. David Bohm war einerseits skeptisch, was den Einsatz des Dialogs in profitorientierten Unternehmen betrifft, und gleichzeitig sah er darin eine Chance:

„Also bringt es gar nichts, Dialoge im Unternehmensbereich abzutun. Die Aufgabe der Führungskräfte ist es, dafür zu sorgen, dass das Unternehmen richtig arbeitet. Und wenn all diese Unternehmen effizienter arbeiten würden, wären wir alle viel besser dran. Das heillose Chaos in den Unternehmen ist mit ein Grund für die Schwierigkeiten unserer Gesellschaft, für ihre Ineffizienz, für das Auseinanderfallen des Ganzen (…) Eine Voraussetzung für das richtige Funktionieren der Gesellschaft ist, dass all diese Institutionen und Unternehmen effizient und kohärent arbeiten." (David Bohm)

Es scheint alles dafür zu sprechen, dass die Qualität der Zukunftsfähigkeit im Sinne der „generativen Szenarios" von Jaworski nur dann erreicht werden kann, wenn möglichst viele Mitarbeitende sich an der kreativen Umsetzung dessen beteiligen, „was in die Welt kommen will".

4.4 *Unser Gehirn ist ständig auf der Suche nach Mustern und Bedeutung* Gespräch mit Fritjof Capra

Fritjof Capra wurde 1939 in Wien geboren und studierte dort theoretische Physik. Als in Kalifornien lebender österreichisch-amerikanischer Physiker, Systemtheoretiker und Gründungsdirektor des *Center for Ecoliteracy* ist er aufgrund seines universellen ganzheitlichen Ansatzes ein gefragter Managementberater und Organisationsentwickler. Ein Gespräch über die Bedeutung des Dialogs als Grundlage der Schule der Zukunft.

„Leitung ist Horizonterweiterung“

Hartkemeyer: *Herr Capra, systemisches Denken und Dialogfähigkeit wird im Umgang mit komplexen Fragestellungen immer wieder gefordert. Von welchen Grundannahmen gehen Sie in Ihrer systemischen Sichtweise aus?*
Capra: Vereinfacht gesagt ist erstens in allen komplexen Systems das Ganze mehr als die Summe der Teile. Zweitens beobachten wir die Natur nie direkt, sondern nur etwas, was der Art unserer Fragestellung ausgesetzt ist. Wir sind immer selbst beteiligt an diesem Dialog. Drittens sind alle wissenschaftlichen Begriffe und Theorien grundsätzlich begrenzt. Sie können höchstens näherungsweise gültig sein. Manchmal führen sie uns sogar in die Irre.

Inwieweit ist ihre Sichtweise neu?
Im Prinzip ist sie nicht neu! In der Wissenschaft gibt es eine lange Tradition, entweder die Frage nach Grundbausteinen in den Mittelpunkt zu stellen, also den materialistisch-mechanistischen Ansatz, oder die Frage nach Mustern, Beziehungen und Qualitäten. Heute wird deutlich, dass die mechanistische Fragestellung nicht mehr ausreicht. Es steht ein Wechsel der Betrachtungsweise von den Teilen zum Ganzen an. Nicht Objekte, die angeblich unabhängig von uns existieren, stehen im Mittelpunkt, sondern die Beziehungen.

Das bringt den Konflikt mit der Form von Wissenschaft, die nur akzeptiert, was gemessen und gewogen werden kann. Strukturen und Mengen können Sie messen, Qualitäten und Muster nur schlecht.
Genau! Wie wollen Sie Beziehungen auf die Waage legen? Sie brauchen für diese Qualitäten ein anderes Denken. So ist eine

neue Mathematik der Komplexität, der qualitativen Analyse, erforderlich. Anstatt das Universum als Maschine zu sehen, die aus Elementen besteht, geht es um ein Netzwerk unsichtbarer Muster in Raum und Zeit, die sich permanent verändern. Der gesamte Planet ist ein lebendiges, selbst organisiertes System. Die Sicht des menschlichen Körpers als Maschine, wo es nur darum geht, ein krankes Element auszuwechseln, ist blind für die Komplexität. Das Gehirn, das Immunsystem, letztlich jede Zelle ist ein lebendiges, interaktives, kognitives System. Nur durch Systemdenken, ein Denken in Beziehungen, kommen Sie dem interagierenden Muster näher. Erst dann erschließt sich auch die Begrenztheit eines darwinistischen Denkens, nach dem Motto: der Stärkere frisst den Schwächeren. Es hätte die Natur nie überlebt, wenn sie alles Schwächere ausgerottet hätte. Es geht in erster Linie um Kooperation und Kreativität.

Ist es aus ihrer Sicht eine Projektion unseres Denkens, dass dieses Betrachtungsmodell von Konkurrenz in die Natur hineinlegt?

Ja. Wir haben immer unsere Erfahrungswelt in die Natur hineingedacht und hineininterpretiert. Wir sehen, was wir sehen wollen. Wir können alle sozialen Erscheinungen damit begründen, wie lieblich und freundlich die Welt von Natur aus ist, oder wie feindselig und brutal und darum ist es wichtig, unsere Begrenzung zu akzeptieren und anders zu fragen. Was macht die Natur kaputt? Und welche Sichtweisen brauchen wir heute, um angemessen mit dem, was wir Natur nennen, umgehen zu können?

Es scheint so, als müssten unsere Wirtschaft, unsere Technologien, unsere sozialen Institutionen, vor allem das Bildungswesen, sich grundlegend verändern, um zukunftsfähig zu werden.
Genau, dafür brauchen wir eine neue Vorstellung vom Lernen. Es geht nicht mit dem Mehr vom Gleichen. Wir müssen das Muster des Lebens von seinem Kern her neu anschauen. Ein solches Curriculum müsste die Entfremdung von der Natur überwinden. Eine systemische Schulreform müsste von zwei grundlegenden Änderungen ausgehen, einem neuen Verständnis von Lernen selbst und einem neuen Verständnis von Leitung.

Das Gehirn ist ein hochkomplexes, anpassungsfähiges selbstorganisierendes System. Es konstruiert Wissen, indem es alle neuen Informationen in einer engen Beziehung zu alten Erfahrungen einbaut. Es ist immer auf der Suche nach Mustern und Bedeutung. Wir brauchen also experimentelles Lernen und unterschiedliche Lernstile, welche die unterschiedlichen Intelligenzen ansprechen. Der emotionale und soziale Kontext, in dem Lernen stattfindet, ist von zentraler Bedeutung. Dieses Verständnis erfordert völlig andere Darstellungsformen, ein integriertes Curriculum, ein Wissen, das in Kontexte eingebunden ist. In diesem Sinne sind komplexe „realworld"-Projekte unschlagbar. Der Schulgarten wird in diesem Zusammenhang völlig unterschätzt.

Auch die Lehrerrolle verändert sich in Richtung Lernprozessbegleiter, der nun für die Gestaltung der Feedbackschleifen sorgt, statt zu sagen, was richtig und falsch ist. Systemisches Denken ist auch unerlässlich, um Lern-Gemeinschaften verstehen zu können.
Natürlich, Leitungsfunktionen sollten dadurch definiert sein, dass sie bei der Begleitung von neuen Strukturen helfen.

Diese systemische Leitung ist nicht dirigistisch, sondern beratend. Jedes lebende System kreiert in seinem Wachstumsprozess Übergänge, die Zeiten der Instabilität sind. Eine alte Struktur ist überholt, eine neue will sich bilden. Diese kreativen Phasen sind Schlüsseleigenschaften aller lebendigen Systeme. Hier ist Leitung im Sinne von Horizonterweiterung gefordert.

Gewissermaßen als „Hüter der Schwelle" oder physikalisch als „Katalysator" im Phasenübergang?

Ja. Er muss dafür die richtige Balance zwischen „nicht eingreifen", und „voller Aufmerksamkeit" haben. Die Chinesen sprechen von „wu wie" im Sinne von „nicht tun", das heißt aber nicht „Nichtstun", sondern „nicht mit Gewalt" handeln. Das erfordert einen höheren Grad von innerer Aufmerksamkeit und Präsenz. Das genau ist die neue Kunst und Kultur von Leitung.

* * *

4.5 *Das dialogische Prinzip in der Therapie* Die sozialtherapeutische Gemeinschaft Hof Sondern

Machen Sie einen Unterschied,
der einen Unterschied macht!

Heinz von Foerster

Ein Gespräch mit Heinz Verst, langjähriger mitverantwortlicher therapeutischer Leiter der psychiatrischen Übergangseinrichtung Hof Sondern. Er arbeitet seit vielen Jahren mit dem Bohmschen Dialogprozess. Er ist auch als Ausbilder für Dialogprozess-Begleiter und mit dialogischer Supervision in unterschiedlichen Organisationen und Bildungseinrichtungen tätig.

„Möglichkeiten schaffende Resonanzräume"

Hartkemeyer: *Ihr habt Euch als Organisation zentrale Fragen gestellt: Was ist der spezifische Sinn der psychiatrischen Übergangseinrichtung? Was sind unsere Grundannahmen von menschlicher Entwicklung, von Gesundheit und Krankheit und damit verbunden von Therapie, von Helfen, Begleiten und Unterstützen? Warum machen wir das, was wir machen, so wie wir es machen? Was ist unser spezifischer Auftrag hier in der sozialtherapeutischen Gemeinschaft Hof Sondern? Welche Bedeutung hat der Dialog für unser Erkennen und Handeln?*

Verst: Wir wollen gemeinsam immer wieder neu herausfinden, welches notwendige, also am realen Bedarf orientierte

Hilfsangebot wir innerhalb einer vielfältigen psychiatrischen Angebotslandschaft selbst entwickeln wollen und können. Gerade durch ein dialogisches Wirklichkeitsverständnis wird unser Blick gerichtet auf bestimmte Werte sowie eine bestimmte innere Haltung, die uns zu unseren Unterstützungsangeboten führen.

Wir wissen und achten natürlich, dass auch andere Anbieter gute therapeutische Angebote vorhalten. Gerade was die Betrachtung und das Verstehen von Gesundheit und Krankheit und eine daraus resultierende mögliche Therapie betrifft, ist es unseres Erachtens wichtig, unterschiedliche Sichtweisen und deren mögliche Konsequenzen und systemische Auswirkungen zu unterscheiden. Unterschiedliche Blicke auf das, was wirklich ist, laden ein, seine eigene Wahrnehmung zu ergänzen und letztlich zu erweitern. Eine in der psychiatrischen Wissenschaft vielfältig erforschte und mit vielen bedeutenden Erkenntnissen belegte Sichtweise behandelt Fragen nach der Entstehung von Krankheiten und Störungen und der Suche nach differenzierten Diagnosen, die sogenannte Pathogenese. Damit verbunden ist die Suche nach geeigneten therapeutischen Behandlungsformen und Medikamenten. In Erweiterung dieser Erkenntnishaltung und ihrer Konzepte leitet uns, seit Beginn unserer Arbeit in Hof Sondern eine sich hiervon unterscheidende, ergänzende Perspektive, die ich umfassend das salutogenesische Prinzip nennen möchte. Die Wirkungen dieses komplementären Ansatzes, dieses anderen und zusätzlichen Gesundheits- und Krankheitsverständnisses, sowohl für die eigene Haltung, unsere innere Einstellung, wie auch für das therapeutische Konzept unserer nachklinischen Übergangseinrichtung, möchte ich im Folgenden anfänglich erklären. Das einerseits in Unterscheidung zu störungsorientierten Konzepten und gleichzeitig in deutlicher Anerkennung dieser primär klinisch-therapeutischen Sichten und vielfältigen Behandlungsangebote wie zum Beispiel medizinische Therapie, Traumatherapie, Skills-Trainings, und so weiter.

Doch häufig ist es leider oft so, dass trotz mehrmaliger klinischer Behandlungen und bester Therapien das eigene Lebenskonzept bei den jungen psychisch erkrankten Menschen fundamental erschüttert ist und es teilweise auch über längere Zeit bleiben wird, dass somit die Verwirklichung ihrer Wünsche und Vorstellungen von einem „guten Leben" sehr begrenzt ist. Eine psychische Erkrankung ist oftmals ein sehr leidvoller Teil des Lebens und wirkt in alle Lebensbereiche hinein, verändert sowohl für Betroffene wie auch Angehörige und Freunde ein Leben vollständig. Hiervor die Augen nicht zu verschließen, hinzusehen, dies auszuhalten, jedoch gleichzeitig – wenn möglich und gewollt – im Dialog, in der gemeinsamen Erkundung Freiräume zu finden, bleibt eine herausfordernde Wirklichkeit.

Vorausgesetzt, trotz guter medizinischer Therapie und Psychotherapie bleibt dennoch ein sehr großes Potential existenziellen Hilfebedarfs bestehen, ist die Frage berechtigt: Was ist dann euer spezifischer Ansatz?

Wir werden erst einmal immer wieder neu den Fragen nachgehen, wie wir an dieser Realität, im Dialog mit den jungen Menschen, die gezwungen sind, eine ganz neue Lebensgeschichte für sich zu schreiben, in fühlender, denkender und erkundender Resonanz hilfreiche Ideen entwickeln können, was kräftigt und im individuellen Sinne gesundend wirkt. Wie wir den Dialog, das ergebnisoffene Gespräch dafür nutzen können, um gemeinsam mit unseren Kolleginnen und Kollegen ein hilfreiches Lern- und Entwicklungsfeld hierfür anbieten zu können. Um unterschiedliche pozentiell förderliche Erfahrungsfelder für diesen persönlichen Gesundungsprozess zur Verfügung stellen zu können, in denen sich die Klientinnen und Klienten selbst in die Lage versetzen, einige sehr belastendende Einschränkungen überwinden beziehungsweise besser handhaben oder auch neu deuten zu können. Es kommt für uns als erstes darauf an, diesen Auftrag, nämlich individuell förderliche und hilfreiche Erfahrungsfelder zu ermöglichen, genau zu erkennen. Es beginnt erst einmal mit ernst gemeinten Fragen, die eher nicht abschließend zu beantworten sind, weniger mit Antworten: Wie entsteht Gesundheit? Wie können Menschen nach, mit oder trotz einer schwerwiegenden psychischen Erkrankung gesünder werden? Wie können sie ihre gesundheitsfördernden Ressourcen und Fähigkeiten entdecken und für sich nutzen? Wie können sie sich individuell weiterentwickeln? Was können wir in den zur Verfügung stehenden zwei Jahren, so lange die jungen Menschen hier leben, dazu beitragen? Wenn sich in der gemeinsamen mehrperspektivischen Suche nach Antworten deutlich zeigt, dass individuelle Gesundheit viel mehr ist als ein isoliertes Symptom oder ein zu behandelnder Symptomkomplex, Gesundheit somit auch als ein beweglicher persönlicher Prozess zu sehen ist, sind bestimmte Bedingungen Voraussetzung, wo sie entstehen kann. Sie kann eher nicht *gemacht* werden.

So ähnlich, wie die Bodenbeschaffenheit und die klimatischen Verhältnisse darüber entscheiden, ob eine Pflanze gedeihen kann?

Ja, ein sehr treffender Vergleich. Aus dem Versuch, Antworten auf die Frage nach den förderlichen Bedingungen für mehr Gesundheit im Zusammenhang mit psychischen Erkrankungen zu finden, entstand die psychiatrische Übergangseinrichtung Hof Sondern bereits in den 1980er Jahren. Ein zentraler Ausgangspunkt war und ist es immer wieder, sich gemeinsam mit den jungen an Schizophrenie, an Depression an Traumafolgen erkrankten Menschen in eine offene dialogische Such- und Erkundungsbewegung zu begeben und – das ist mir besonders wichtig – ihren ganz persönlichen Fragen, Deutungen und Wahrheiten nachzuspüren, um dann durch eigene Fragen und Anregungen Gemeinsamkeiten und Unterschiede aufzuzeigen, die ihre eigene Wahrnehmung erweitern, die neue Möglichkeiten erschließen kann, um diese dann auch in der sozialen Wirklichkeit erproben zu können.

Zur „Bodenbeschaffenheit" und als einer bedeutsamen „klimatischen Bedingung" gehört im Wesentlichen die dialogische Haltung, mit ihren Maximen, die die Forscher vom MIT und auch ihr bereits viele Jahre in der Praxis mit dem Bohmschen Dialog erforscht habt. Qualitäten wie zum Beispiel lernen wollen, tiefes Zuhören, von Herzen sprechen, erkunden, eigene Wahrheiten suspendieren, Offenheit und radikaler Respekt erzeugen eine besondere innere Haltung. Sie können dazu beitragen, dass sich ein Möglichkeitsraum bilden kann. Ein Vertrauensraum kann entstehen, ein kreatives Feld im Dazwischen, das neue Erfahrungen, Erkenntnisse und neues Handeln ermöglicht. „A safe place" ist, wie Forscherinnen und Unterstützer immer wieder betonen, der Ort, an dem für uns alle und davon ausgehend neue, zukunftsorientierte Erfahrungen und verantwortliche Entscheidungen möglich sind.

Was hilft mir gesund zu bleiben, zu werden, trotz dem, was mich und andere im Zusammenhang mit der psychischen Erkrankung belastet? So damit umzugehen, dass es Sinn macht? In welchen Situationen, Zusammenhängen mit

Menschen, mit Arbeit, Kunst oder der Natur habe ich mich gesund gefühlt, als gesund erlebt? Was möchte ich in meinem Leben noch schaffen, was will ich erreichen? Was ist mir in meinem Leben, einschließlich meiner Erkrankung, besonders wichtig? Wie erlebe ich meine Erkrankung? Was hilft mir, wo erlebe ich mich lebendig und kraftvoll? Dies kann eine Anregung zu einer möglichen Frage- und Erkundungsrichtung aus gesundheitsfördernder Sicht sein. Immer wieder geht es aus dieser Perspektive um ganz persönliche Beschreibungen dessen, was Krankheit und Gesundheit genannt werden kann. Es geht dabei um ganz persönliche Erfahrungen und besonders um deren subjektive Deutungen, um individuelle Freude und persönliches Leid, um ganz eigene Sichten auf die eigene und die soziale Wirklichkeit und eben nicht primär um allgemeingültige Beschreibungen und Kategorisierungen, die wiederum aus anderer Perspektive Sinn machen.

So wie Gerald Hüther sagt: „Kein Gesundheitswesen der Welt kann darauf verzichten, dass die Menschen selbst Verantwortung für ihre Gesundheit übernehmen."

Ja. Bevor ich auf die Frage etwas genauer eingehe, möchte ich eine kleine Geschichte des bedeutenden Bewusstseinsforschers Gregory Bateson aus den 1980er Jahren erzählen. Überliefert ist, dass er wohl häufiger eine Geschichte vom Pferd erzählt haben soll, die ungefähr so gehen soll: Man kann das Pferd an den Ort führen, wo frisches Gras, wo frisches Wasser ist, aber man kann es nicht zum Trinken zwingen. Das, was es dort macht, ist seine Sache. Aber selbst wenn das Pferd durstig ist, kann es nicht trinken, solange Sie ihm keinen Ort zeigen, wo es gutes Wasser gibt. Das Hinführen und Zeigen des Ortes ist Ihre Sache.

Nach diesem kleinen Umweg nun zur Erkenntnis von Gerald Hüther, die ich in unserem Fragenzusammenhang für eine wichtige Blicklenkung halte. Wie kann ein Resonanzraum, eine für Neues offene dialogische Beziehung zum anderen Menschen, aber gleichzeitig auch darüber hinaus zur Arbeit, zur Kunst und Kultur und zur Natur, zur Mit- und Umwelt entstehen, in der sich persönlich als sinnvoll und kraftgebend erfahrene Möglichkeiten zeigen können, die zur eigenen Gesundheit, dem Erleben von stimmiger Selbstwirksamkeit und von Sinn ganz konkret beitragen können und für die sich Betroffene verantwortlich entscheiden? Meines Wissens sind es in der Salutogenese-Forschung von Antonovsky vor allem drei Aspekte, die als Gesamtes erlebt Menschen in die Lage versetzen, vorhandene Fähigkeiten zu aktivieren und damit einen verantwortlichen Beitrag zur eigenen Gesundheit zu leisten: freier zu werden von oft großem Leid, von viele Lebensbereiche beeinträchtigenden, nicht selbst gewählten Einschränkungen, die eine psychische Erkrankung mit sich bringt. Es sind dies die Verstehbarkeit (sense of comprehensibility), Handhabbarkeit (sense of manageability) und Sinnhaftigkeit (sense of meaningfulness). Immer wieder neu möchten wir unterschiedliche Erfahrungs- und Erlebnisräume schaffen, in denen die jungen Menschen selbst gesundheitsfördernde Möglichkeiten bei sich entdecken und für sich nutzen. Heilsame Erfahrungen sind als Potential in vielfältigen unterschiedlichen Mitwelten als Möglichkeit angelegt.

In diesem Verständnis von Helfen, Unterstützung und Begleitung kann es somit nicht vorrangig um standardisierte allgemeine Interventionen gehen, sondern zusätzlich um das Bereitstellen von kreativen, individuell zu nutzenden Lern- und Erfahrungsräumen, von Sinnerfahrung ermöglichenden

Feldern zur individuellen Entwicklung, in denen fortdauernd neue Fähigkeiten entstehen können, Krankheitssymptome sich auflösen oder reduzieren können. Es handelt sich dabei um unterschiedliche, bewusst gestaltete, offene Resonanzräume, in denen Menschen dasjenige lernen, was sie selbst lernen wollen und können.

Solche Möglichkeiten schaffenden Resonanzräume hier in Hof Sondern sind beispielsweise die umgebende Natur, die Sicherheit sowie Anregung gebenden Begleiterinnen und Mit-Klienten, ästhetisch gestaltete Häuser, für jeden frei zu gestaltende Privaträume, einige unterschiedliche Arbeits- und Beschäftigungsbereiche, Kreativwerkstatt, Projektwerkstatt, Hauswirtschaft, Landwirtschaft und vielfältige Gruppenangebote wie Klettern, Fußball, Schwimmen, Badminton, Trommeln, Bogenschießen, Yoga, Kreatives Schreiben, Konzentration und Meditation, Malen, Bildhauen, Achtsamkeit, Themen- und Reflexionsgruppen. Hinzu kommen die gemeinsamen Mahlzeiten, viel individueller Freiraum zur Bildung unterschiedlicher Beziehungslandschaften mit unterschiedlichen Menschen und das Feiern von Festen. All das sind Angebote, die individuell unterschiedlich aufgegriffen und genutzt werden und eben keine therapeutischen Vorgaben, mögen diese auch noch so sinnvoll erscheinen. Zusätzlich zu der medizinischen Behandlung können durch diese offenen Lern- und Entwicklungsangebote sowie durch gesundheitsfördernde Angebote das massiv aus den Fugen geratene körperlich-seelisch-geistige Gleichgewicht individuell und in Resonanz gleichermaßen positiv beeinflusst werden. Die eigene Lebensgeschichte kann so hoffnungsvoll weitergeschrieben werden.

Gemeinsam können wir die „Bodenbeschaffenheit“ als wachstumsfördernde Unterschiedlichkeit sowie die „klimatischen Bedingungen" als dialogische Haltung und therapeutische Nähe so gestalten, dass mehr Gesundheit, mehr individuelles, persönliches und soziales Wachstum ermöglicht wird.

Mehr sehen zu können, mehr hören zu können, den Blick zu weiten und Freiräume in Beziehung gemeinsam zu erschließen, sind Grundgesten unserer Arbeit – verbunden mit dem, was ich dialogische Begleitung nennen möchte. Diese fordert selbstverständlich auch die Unterstützerinnen und Unterstützer heraus, in der kreativen Spannung des Nichtwissens versus professionellen Wissens sich immer wieder neu positionieren müssen.

Wieweit können Eure Angebote und Reflexionen dialogische Begleitungen auf Augenhöhe sein?
Augenhöhe kann, glaube ich, nicht gemacht, nicht methodisch gelernt oder hergestellt werden, auch nicht durch bewusstes Aufgeben von Unterschieden. Sie ereignet sich in einer Beziehung eher durch das Anerkennen (Anerkennen heißt nicht Gutheißen) dessen, dass alles, was gesagt wird, von Jemandem gesagt wird. Dass jeder das Beste sagt, was im Moment möglich ist – auch wenn es uns unsinnig oder krank erscheint – sonst sagte sie oder er etwas anderes. Das Gleiche gilt für mich. Da sind wir gleichwürdig. Oft ereignet sich Augenhöhe auch im gemeinsamen Tun.

Um unseren persönlichen Beitrag zu dieser Qualität, zur Augenhöhe als Potenzial, nicht als Fähigkeit leisten zu können, benötigen wir Professionellen unbedingt existenzielle Übfelder, die unsere eigenen unbewussten, gleichzeitig unser Denken und Handeln vollständig bestimmenden „heiligen Kühe" sichtbar und beweglich machen dürfen: persönliche, unverrückbare Wahrheiten, unsere Grundannahmen, unsere Werte. Diese Grundannahmen oder persönlichen Sinnfelder machen uns als Individualität einerseits aus und unterscheiden uns gleichzeitig vom Anderen. Unsere nicht moderierten, offenen Mitarbeiter-Dialoge, angelehnt an den von David Bohm entwickelten Dialog-Prozess, der sich auf diese Grundstruktur richtet, die unsere Wirklichkeit konstruiert, sind für uns zentral entwicklungsfördernd, da sie neben den inhaltlichen Erkenntnissen und Irritationen die Erfahrung sich ereignender Augenhöhe, von Respekt und Achtung gegenüber dem anderen Menschen und unsere Verbundenheit erfahrbar werden lassen.

Neben den Begegnungserfahrungen mit Klienten und in den Mitarbeiterdialogen machen wir mehrperspektivisch angelegte Praxisüberprüfungen, kollegiales Lernen und Dialogrunden mit Profis, Angehörigen, Freunden und Klienten sowie regelmäßige Reflexionsrunden auf Grundlage der schon benannten dialogischen Maximen.

Meistens sind dann ja bestimmt die jungen psychisch erkranken Menschen gerne bei euch und ihr als Mitarbeiter auch.
Ja, ich glaube, das ist wohl so, wir müssen uns gleichzeitig bemühen und uns immer wieder in die Lage versetzen, neu hinzuschauen, uns irritieren und überraschen zu lassen und uns gegenseitig anregen, die Augen nicht zu verschließen vor anregenden, uns erfreuenden und herausfordernden Wirklichkeiten.

* * *

Kapitel 5

Interkultureller Dialog

Menschlich werden

Es kam einmal ein Mann zu mir und sprach stundenlang
über seine „großen Gottesvisionen",
die er zu fühlen glaubte.
Er bat mich um Bestätigung und fragte:
„Sind diese wundersamen Träume wahr?"
Ich antwortete: „Wie viele Ziegen besitzt du?"
Er entgegnete erstaunt:
„Ich spreche von erhebenden Visionen
und du fragst nach Ziegen!"
Und wieder sprach ich und sagte:
„Ja Bruder – wie viele besitzt du?"
„Nun, Hafis, ich habe zweiundsechzig."
„Und wie viele Frauen?"
Wieder entgegnete er erstaunt:
„Vier."
„Wie viele Rosenbüsche in deinem Garten,
Wie viele Kinder hast du,
Leben deine Eltern noch,
Und fütterst du die Vögel im Winter?"
Und er antwortete auf alles.
Dann sagte ich:
„Du fragst mich, ob ich deine Visionen für wahr halte.
Ich würde sagen, dass sie es wären,
Wenn sie dich menschlicher machten,
Freundlicher zu jeder Kreatur und jeder Pflanze,
Die du kennst."

Hafis

5.1 *Vom südlichen Blütenland*
Der Dialog von Tsingtau

Etwa 850 Kilometer südlich von Peking liegt die ehemals deutsch verwaltete Hafenstadt Tsingtau am Gelben Meer. Heute ist die Stadt Qingdao mit mehr als zwei Millionen Einwohnern die Metropole der Provinz Shandong (Schantung). Das typisch deutsche Bauerbe im alten Stadtzentrum wird von den chinesischen Stadtplanern noch immer liebevoll gepflegt. So versetzten sie zum Beispiel den von den Deutschen erbauten Bahnhof in Gänze mit enormem technischen Aufwand um einige Meter, um ihn zu erhalten, aber gleichzeitig die Verkehrsführung modernisieren zu können.

Dabei beginnt diese Geschichte ziemlich brutal und imperial. In zwei Kriegen (Erster Opiumkrieg 1840–42), ausgelöst von Großbritannien, gingen die europäischen Großmächte gegen chinesische Hafenstädte vor, um Absatzmärkte für westliche Waren, auch Opium, zu erzwingen. Im Zweiten Opiumkrieg (1857–1868) schlossen sich die Franzosen diesem Feldzug an und zerstörten dabei den kaiserlichen Sommerpalast in Peking. Auch das aufstrebende Japan wollte an der Beute teilhaben und zettelte 1894–1895 den japanisch-chinesischen Krieg an.

Das Deutsche Reich witterte ebenfalls seine Chance auf einen „Platz an der Sonne" im „Reich der Mitte." Der Chef des Deutschen Ostasiengeschwaders, Admiral Tirpitz, besuchte 1896 die vom chinesischen Militär kontrollierte Bucht von Kiautschou (Jiaotzhou) und fand sie für die deutschen Marineinteressen geeignet. Man wartete auf einen Vorwand für die Inbesitznahme, der bald (November 1897) durch die Ermordung zweier katholischer Missionare im Süden der

Provinz Shandong geliefert wurde. Die chinesische Regierung wurde nun von Deutschland unter Druck gesetzt, um einen Pachtvertrag auf 99 Jahre zugunsten des Deutschen Reiches zu unterzeichnen.

Unter der chinesischen Bevölkerung wuchs der Widerstand gegen die imperiale Ausbeutung. Den größten Zulauf erhielt die Yiehutan-Bewegung. Diese wurde durch ihre Faustkampfkünste (Boxer) bekannt. Das wollten sich die imperialen Mächte nicht bieten lassen und acht Staaten beschlossen gemeinsam den Widerstand der Chinesen niederzumachen.

Kaiser Wilhelm II. setzte ein deutsches Oberkommando durch. Selbst die Briten waren vom Kampfgeist der Deutschen begeistert: „Germans to the Front!" hieß es. Berühmt ist die „Hunnenrede" des deutschen Kaisers bei Verabschiedung des II. Seebataillons in Wilhelmshaven am 27. Juni 1900, das gegen die angebliche „Gelbe Gefahr" in See stach:

„Pardon wird nicht gegeben! Gefangene werden nicht gemacht! Wer euch in die Hände fällt, sei euch verfallen! Wie vor 1000 Jahren die Hunnen unter ihrem König Etzel sich einen Namen gemacht, der sie noch jetzt in Überlieferung und Märchen gewaltig erscheinen lässt, so möge der Name Deutscher in China auf 1000 Jahre durch euch in einer Weise bestätigt werden, dass es niemals wieder ein Chinese wagt, einen Deutschen scheel anzusehen!"

Aber es gab auch noch eine etwas andere Seite: Das Pachtgebiet wurde nicht dem Reichskolonialamt unterstellt, wie die Kolonien in Afrika und Ozeanien, sondern dem Reichsmarineamt. Dadurch erfolgte die Entwicklung außerordentlich schnell. Grundlage des Bebauungsplans und einer Bauordnung war ein neues Bodenrecht, welches die Grundstücksspekulation unmöglich machen sollte.

Im Jahr 1908 wurde die deutsch-chinesische Hochschule gegründet. Zur Ergänzung der traditionellen chinesischen Medizin richtete die Verwaltung mehrere staatliche Polikliniken ein. In der chinesischen Revolution wurde Tsingtau zur Rückzugsinsel von chinesischen Gelehrten der alten Schule. Die Stadt entwickelte sich zum Platz des interkulturellen Dialogs. Dieser wurde auch von deutschen Literaten wie Bertolt Brecht, Karl May und Alfred Döblin befeuert.

Eine herausragende Rolle für diesen Dialog spielt bis heute Richard Wilhelm. Er wurde am 10. Mai 1873 in Stuttgart geboren und starb am 2. März 1930 Tübingen. Im Jahre 1900 brach Wilhelm im Dienste der evangelischen Ostasienmission als Missionar in das Kaiserreich China auf. In Tsingtau erlernte er zunächst die chinesische Sprache und arbeitete als Pädagoge und Pfarrer.

Durch seine pädagogische Tätigkeit kam er in Kontakt mit traditionell gebildeten chinesischen Gelehrten und gründete eine deutsch-chinesische Schule. Dafür wurde er von der Kaiserin *Cixi* mit dem Titel „Daotai" (Lehrer des Weges) ausgezeichnet. Mithilfe seines Lehrers Lau Nai Süan (1843–1921) übersetzte er chinesische Klassiker in die deutsche Sprache. Aber erst wenn die Rückübersetzung vom Deutschen ins Chinesische im Dialog mit seinem alten Lehrer akzeptiert wurde, ging sie in Druck:

„Erst wenn man den Sinn des Textes restlos zur Darstellung gebracht hatte, konnte die Übersetzung als solche gelten". (*I Ging, das Buch der Wandlungen*, Köln 1970, Vorrede). Seine aus diesem Dialog hervorgehende I Ging-Übersetzung (Buch der Wandlungen) gilt noch heute als unübertroffen. Zu Richard Wilhelms Freunden zählten unter anderem Albert Schweitzer, Hermann Hesse, Martin Buber und Carl Gustav Jung sowie der indische Philosoph Tagore.

Martin Buber fühlte sich inspiriert von den Übersetzungen der chinesischen Philosophie und schrieb:

„(…) so wird das wahre Tun, das Tun des Vollendeten, ‚Nichttun' genannt. ‚Der Vollendete tut das Nichttun' (…) ‚Die Ruhe des Weisen ist nicht, was die Welt Ruhe nennt: sie ist das Werk seiner inneren Tat.' Dieses Tun, das ‚Nichttun', ist ein Wirken des ganzen Wesens. In das Leben der Dinge eingreifen, heißt sie und sich schädigen. Ruhen aber heißt wirken, die eigene Seele reinigen heißt, die Welt reinigen, sich in sich sammeln heißt hilfreich sein, sich dem Tao ergeben heißt die Schöpfung erneuern (…) Der nicht ‚tut', wirkt. Der in vollkommener Eintracht ist, den umgibt die empfangende Liebe der Welt (…) Dieses Tun, das ‚Nichttun', ist ein Wirken aus gesammelter Einheit." Martin Buber, *Die Lehre vom Tao.*

Richard Wilhelm entwickelte einen hohen Respekt für die chinesische Kultur und lehnte eine eurozentrische Sichtweise gegenüber China ab. Er zog sich aus der Missionstätigkeit zurück, denn er hielt Religion nicht mehr für das Eigentum von Konfessionen oder religiösen Autoritäten, sondern für den Besitz der ganzen Menschheit. Von nun an lebte er für den interkulturellen Dialog: „Es ist mir ein Trost, dass ich als Missionar keinen Chinesen bekehrt habe."

Für Wilhelm war der fortlaufende Prozess der „Wandlungen" das Hauptgesetz der Philosophie in China. Wie Johann Wolfgang von Goethe in seinen *Wahlverwandtschaften*, so interpretierte Wilhelm „Wandlungen" als das „Zusammenwirken zwischen organischer Selbstentfaltung und Freiheit". Nach Ansicht von Wilhelm werde im *I Ging* beschrieben, wie Wandlungen sich in der Natur und beim Menschen ergeben. Aber es sei wichtig, dass sich Wandlungen beim Menschen reflektiert vollziehen, wenn das Leben gelingen soll. Wirkliche Wandlungen zeigen sich durch Handlungen. Wilhelm schrieb: „Nicht mehr der Christ oder der Mohammedaner oder Buddhist, sondern der rechte Mensch wird die Erscheinung der zukünftigen Religion sein."

***

Tsingtau, 3. November des Jahres 1914. Der Weltkrieg ist ausgebrochen. Langsam steigt die blutrote Herbstsonne im Osten hinter dem Lau Schan Gebirge hervor. Mit der Armbinde des Internationalen Roten Kreuzes versehen, klettert Richard Wilhelm aus dem Unterstand zurück. Die Toten und Verwundeten der letzten Nacht waren in das Marinehospital gebracht worden.

Sein Sanitäter, der alte Lao, warf das alte Orakel der Schafgarben-Stängel. „Ah, sieh mal, Herr Wilhelm, das ist ‚Dun'. – „Ja, und was sagst es dir?", fragte Richard Wilhelm. „Die beiden Herren des Zeichens, die die Lage beschreiben, sind die beiden Yin Striche auf dem ersten und dem zweiten Platz. Das Orakel sagt, ‚die Dinge können nicht dauernd an ihrem Platz weilen, darum bedeutet das Zeichen: der Rückzug.'"

Ein grelles Zischen durchheulte die Luft. Zu spät zum Springen. Die schwere Granate rummste zwischen ihnen in den Boden und wirbelte mächtig Staub auf. Gelassen tippte Lao mit dem Finger vorsichtig auf das Metall des Blindgängers: „Heiß!" und las weiter in seinem I Ging: „Der Erfolg liegt eben darin, dass es gelingt, sich rechtzeitig und auf die rechte Art zurückzuziehen. Dieser Erfolg wird dadurch ermöglicht, dass dieser Rückzug nicht eine erzwungene Flucht eines Schwachen ist, sondern das freiwillige Weichen eines Starken … "

Generalmajor Kamio Mitsuomi, Befehlshaber der japanischen 18. Infanteriedivision, versuchte seit dem 26. September 1914, die Befestigungsanlagen von Tsingtau mit Sturmangriffen zu überrennen. Nach seinem Frühstück legte er das Werk *Maß und Mitte* des chinesischen Klassikers Mong Dsi aus der Hand.

Es war der 7. November 1914, 8.00 Uhr. Der letzte Schuss der deutschen Besatzung von Tsingtau war um 7.30 Uhr im Raum Taitungtschen gefallen. Den Zwölf-Zentimeter- Geschützen der Iltisbergbatterie, welche bereits die Belagerung von Paris 1870 mitgemacht hatten, war die Munition ausgegangen. In der Nacht hatten die Deutschen ihr letztes verbliebenes Kriegsschiff, das Kanonenboot Jaguar, selbst versenkt. Ein Kurier des Festungskommandanten überbrachte die Botschaft mit der Bitte um Aufnahme von Kapitulationsverhandlungen. Generalmajor Kamio Mitsuomi und Richard Wilhelm begegneten sich.

Trotz des imperialen Zusammenstoßes der Großmächte trafen sich hier Kulturen. Handelsinteressen, Benutzung von Religionen, Knebelverträge, Arroganz (die Hunnenrede!), aber auch Grundlagen für einen Dialog: Aufbruchsenergie, interkulturelle Neugier, verstehenwollende gegenseitige Befruchtung entwickelten sich hier auf einzigartige Weise.

5.2 Das Tun im Nichttun C. G. Jung zu Meister Eckart

„Das Geschehenlassen, das Tun im Nicht-tun, das ‚Sich Lassen' des Meister Eckart wurde mir zum Schlüssel, mit dem es gelingt, die Türe zum Weg zu öffnen: man muss psychisch geschehenlassen können. Das ist für uns eine wahre Kunst, von welcher unzählige Leute nichts verstehen, indem ihr Bewusstsein ständig helfend, korrigierend und negierend dazwischenspringt und auf alle Fälle das einfache Werden des psychischen Prozesses nicht in Ruhe lassen kann. Die Aufgabe wäre ja einfach genug. (Wenn nur nicht Einfachheit das Allerschwierigste wäre!) Sie besteht einzig und allein darin, dass zunächst einmal irgendein Phantasiefragment in seiner Entwicklung objektiv beobachtet wird. Nichts wäre einfacher als das, aber schon hier beginnen die Schwierigkeiten. Man hat anscheinend keine Phantasiefragmente – oder doch – , aber – es ist zu dumm – tausend gute Gründe dagegen. Man kann sich nicht darauf konzentrieren – es ist langweilig – was sollte dabei herauskommen? – Es ist „nichts als" usw. Das Bewusstsein erlebt ausgiebige Einwände, ja es zeigt sich öfters wie erpicht darauf, die spontane Phantasietätigkeit auszulöschen, trotzdem die höhere Einsicht und sogar die feste Absicht besteht, den psychischen Prozess ohne Einmischung gewähren zu lassen. Zuweilen besteht ein förmlicher Bewusstseinskrampf.

Gelingt es, die Anfangsschwierigkeit zu überwinden, so setzt doch die Kritik nachher ein und versucht, das Phantasiestück zu deuten, zu klassifizieren, zu ästhetisieren oder zu entwerten. Die Versuchung, da mitzutun, ist fast unüberwindlich. Nach vollbrachter getreuer Beobachtung kann man der Ungeduld des Bewusstseins ruhig die Zügel schießen lassen, muss es sogar, sonst entstehen hinderliche Widerstände. Aber bei jeder Beobachtung muss die Tätigkeit des Bewusstseins aufs Neue zur Seite geschoben werden."

C. G. Jung, in: Richard Wilhelm/C. G. Jung, Geheimnis der goldenen Blüte. Das Buch vom Bewusstsein und Leben, München 1994

5.3 *Dialog in Flammen?* Die brennende Fahne beim Dialog in Teheran

6. Februar 2006, 8000 Meter über der iranischen Grenze. Langsam wandern die Kopftücher der mitreisenden Frauen von der Schulter hoch zum Nacken und bis zur Stirn. Wenig später wird der Landeanflug auf den Imam-Khomeini-Flughafen in Teheran beginnen. Die letzten Rundfunknachrichten aus Deutschland: Eine deutsche Flagge wird von einem aufgewühlten Mob vor der bundesdeutschen Botschaft in Teheran verbrannt. Unruhen werden befürchtet. Offenbar hatte der solidarische Nachdruck der Mohammed Karikaturen in Dänemark durch einige deutsche Medien zu breiter Empörung in den islamischen Ländern geführt.

Wir sind auf dem Wege zum Imam-Ali-Museum in der iranischen Hauptstadt. Dort wird unser Seminar zur Ausbildung von Dialogprozess-Begleiterinnen und -begleitern im Iran stattfinden.

Vorbesprechung: Wir kommen kurz auf die aktuelle Nachrichtenmeldung zu sprechen. Unsere Gastgeber: niemals würde eine deutsche Flagge im Iran verbannt werden. Dies ließen die freundschaftlichen Gefühle der Iraner zu Deutschland überhaupt nicht zu. Das könne also überhaupt nicht sein. Untergründige Empörung über diese Annahme macht sich breit. Sprachlosigkeit.

Das Thema wurde verdrängt und taucht zunächst im Dialogprozess überhaupt nicht mehr auf. Aber nach drei Tagen: Die Nachricht stimmte doch! Betretene Unsicherheit bei unseren Gastgebern. Unsere Reaktion: das ist doch nur eine Fahne, ein Stück Stoff. Das betrifft uns nicht persönlich. Abends Empfang beim Bürgermeister von Teheran. Einladung zum Essen in einem Restaurant im Elbursgebirge nördlich von Teheran. Die deutsche und die iranische Flagge werden geschwisterlich auf den Tisch gestellt. Eine Entschuldigungsrede folgt. Unbedingt sollen wir die beiden Fahnen mit nach Deutschland nehmen, als Zeichen der Freundschaft und Geste des Dialogs.

5.4 *Der Dialog ist der Weg der Vernunft* Ein Gespräch mit Mohammad Khatami

Der iranische Staatspräsident **Sejjed Mohammad Khatami** schlug in der Generalversammlung der Vereinten Nationen am 21. September 1998 der UNO vor, das Jahr 2001 zum „Jahr des Dialogs der Kulturen" zu bestimmen. Er verband damit die „Hoffnung, dass durch solch einen Dialog die Verwirklichung von universeller Gerechtigkeit und Freiheit angestoßen werden möge". Im Jahr 2005 wurden wir erstmals in den Iran eingeladen, um die Aus- und Fortbildung von Dialogprozessbegleitern in Teheran praktisch umzusetzen.

Sejjed Mohammad Khatami wurde 1942 in Ardakan, Provinz Yazd, Zentraliran, in einer Mittelschichtfamilie geboren. Sein Vater Ayatollah Ruholla Khatami war als Geistlicher für seine fortschrittliche Haltung bekannt. Mohammad Khatami studierte bis 1965 Religion in Qom und anschließend Philosophie an der Universität Isfahan. 1969 folgte das Studium der Erziehungswissenschaften in Teheran. 1978 wurde er zum Leiter des Hamburger Islam-Instituts berufen. 1982 bis 1992 war er Minister für Kultur und Islam. Er wurde am 23. Mai 1997 mit einer Zweidrittel-Mehrheit zum Präsidenten der Islamischen Republik Iran gewählt. Von 1992 bis zu seiner Wahl zum Präsidenten der Republik leitete er die iranische Nationalbibliothek. Er ist verheiratet und hat drei Kinder. Seine zweite Amtszeit dauerte bis August 2005.

In dem folgenden Gespräch stellte er uns seine Auffassung von einem wirklichen Dialog vor, die in einer Reihe von Aspekten dem Dialogprozess ähnelt. So betonte er die Fähigkeit des „generativen Zuhörens". Für ihn ist dies ein „neuer Schöpfungsakt", „in dem die Welt des Sprechenden neu kreiert, entdeckt und erfahren wird". In einem interkulturellen Dialog geht es seiner Ansicht nach zunächst darum, darüber zu sprechen, welche persönlichen Dimensionen wir miteinander teilen.

„Darüber reden, was uns gemeinsam angeht"

Hartkemeyer: *Herr Präsident, Sie gelten als Mann des Dialogs. Sie haben 1998 den Vereinten Nationen vorgeschlagen, das Jahr 2001 zum Jahr des „Dialogs der Kulturen" zu erklären. Nun haben die Anschläge vom 11. September 2001 und ihre politi-*

schen Folgen anscheinend die internationale Stimmungslage für den Dialog, gerade zwischen den islamischen Staaten und dem Westen, verschlechtert. Ist der Dialogprozess aus Ihrer Sicht am Ende?
Khatami: Mich hat es schwer erschüttert, dass im Jahr des Dialogs zwischen den Zivilisationen ein derartig brutaler Terroranschlag stattgefunden hat. Ich denke, dass diese Katastrophe auch ein Ergebnis eines fehlenden Dialogs zwischen den Kulturen und Religionen ist. Es wäre daher kurzsichtig und völlig falsch, von einem Ende des Dialogs zu sprechen. Er muss aus meiner Sicht auf allen Ebenen verstärkt werden und möglichst viele Menschen erfassen.

Sie haben 1999 in Teheran das Internationale Zentrum für den Dialog zwischen den Zivilisationen eingerichtet. Welches Verständnis von Dialog haben Sie?
Der Dialog ist einerseits so alt wie die menschliche Kultur und andererseits etwas Neues. Heute verkörpert er für mich eine Haltung, die angesichts der großen Gegensätze und Konflikte notwendig ist. Für mich ist es zwar sinnvoll, die Ergebnisse der großen Denker in der Philosophiegeschichte heranzuziehen. Aber „Dialog" ist für mich kein rhetorischer Begriff, der nur gut klingt, sondern eine Frage der Einstellung zu den wichtigsten Herausforderungen unserer Zeit. Er ist von der Erkenntnis getragen, dass wir in dieser Welt alle aufeinander angewiesen sind. Wir stehen vor der großen Herausforderung, die gegenseitige Kommunikation zu verbessern. Ich glaube, die Bedeutung der Kommunikation können wir erst dann ganz erschließen, wenn wir „Reden" und „Zuhören" in eine neue Balance bringen. Wirkliches Zuhören ist eine große Kunst und wird von wenigen Menschen wirklich verstanden. Es zu lernen erfordert ein ständiges Training,

welches aber als Ergebnis eine große moralische und intellektuelle Bereicherung bringt. Echtes Zuhören ist überhaupt nicht passiv, es erfordert ein wirkliches Engagement. Aber dadurch entsteht ein neuer Schöpfungsakt, in dem die Welt des Sprechenden neu kreiert, entdeckt und erfahren wird. Ohne diese Form des aktiven Zuhörens ist ein Dialog zum Scheitern verurteilt.

Unter welchen Bedingungen kann sich ein solcher Dialog ereignen? Sind diese nicht entscheidend?
Ja. Es geht um die äußeren und um die inneren Bedingungen. Ein Dialog geht von der Gleichheit der Beteiligten aus, ob es sich nun um Menschen oder Nationen handelt. Er findet nur dann statt, wenn ich der anderen Seite den gleichen Respekt entgegenbringe, den ich selbst erwarte. Dann ist es auch wichtig, unter welchen Bedingungen ich eine andere Person anspreche. In welchem Bereich ihrer Welt spreche ich gerade mit ihr? Die Welt der Wissenschaft ist nicht die Welt des Gesprächs. Wissenschaft ist ein Versuch des Bewusstseins, die Beziehung zwischen Objekten zu verstehen, und daher verändert ein wissenschaftlicher Diskurs in der Regel nicht das Selbstbewusstsein. Aber die Welt der Kunst oder der Religion sind Bereiche, die uns als Person angehen.

Sie gehen davon aus, dass der Koran und die Bibel Zugangsbereiche zum Menschlichen sind, die durch den Dialog auch für die Angehörigen der jeweils anderen Religion erschlossen werden können.
Ja, ich glaube, dass der Mensch durch den Ruf der heiligen Schriften erst zu einer Person erhoben wird. Etymologisch ist das Wort mit *persona* verwandt, das ist die Maske, mit dem der Schauspieler auf die Bühne tritt. Aber das Wichtigste ist,

dass der Mensch durch die Religion in einem generellen und universellen Niveau angesprochen wird, nicht mit speziellen theologischen oder abstrakten Lehren. Was wirklich im religiösen Dialog angesprochen werden kann, ist die wirkliche, zeitliche, individuelle Natur des Menschen. Daher sind diese Inhalte von Religionen in der Quintessenz nicht grundsätzlich verschieden. Die Unterschiede und Differenzen entstehen erst durch religiöse Gebote und Gesetze, welche die sozialen und juristischen Bereiche des menschlichen Lebens beherrschen. Wir müssen uns also selbst fragen: wer ist diese Person, mit der ich gerade spreche?

Erforschendes Reden und generatives Zuhören sind wesentliche Aspekte im Dialog. Welche Rolle spielt die Anwesenheit des konkreten Gegenübers im Dialogprozess?
Das Sehen des Anderen ergänzt das Bild des Menschen. Auf einer anderen Ebene sehen wir auch, wo der Andere steht. Es ist der Ausgangspunkt, den man „Ich" nennt. Und die Welt, der er angehört und von der aus er spricht, ist wieder etwas, das ich zu sehen lernen muss. Aus diesem Verstehensprozess im dialogischen Reden und Zuhören entsteht eine zweiseitige oder vielseitige Perspektive dessen, was wir vielleicht „Wahrheit" nennen können, zumindest aber ein größeres Verständnis. Das heißt für mich auch, dass Dialog nichts mit Skeptizismus zu tun hat, und er ist auch kein Eigentum von Menschen, die glauben, die Wahrheit nur für sich gepachtet zu haben. Der Dialog zeigt seine Schätze nur denen, die sich miteinander auf eine gemeinsame Entdeckungsreise einlassen.

Welche Rolle spielt die Wissenschaft, insbesondere die Islamwissenschaft, um das gegenseitige Verständnis zu verbessern?
In der Orientalistik wird der islamische Osten eher als ein

Studienobjekt gesehen, nicht als Partner im Dialog. Ich möchte aber die europäische Kultur ermutigen, neue Erfahrungen und wirkliches Wissen im Umgang miteinander zu gewinnen. Die europäische Kultur hat eine kritische Haltung gegenüber fast allem, sich selbst eingeschlossen. Aber ich glaube, die Zeit ist für Europa gekommen, einen weiteren Schritt zu tun und sich anders wahrzunehmen, sich von einer anderen Perspektive aus zu beobachten. Das ist natürlich keine einseitige Einladung. Ich weiß, dass auch wir als Perser, als Muslime und Asiaten, selbst einen großen Schritt in die Richtung tun müssen, zuverlässiges Wissen über die westliche Welt zu bekommen, wie sie wirklich ist.

Nicht selten wird der islamischen Welt vom Westen ein Hang zur Expansion oder zur Gewalt unterstellt. Diese Vorurteile haben sich möglicherweise durch die Terroranschläge verstärkt und könnten einen Dialog schwieriger gestalten.
Hinter uns liegt ein Jahrhundert der Gewalt, der Kriege, des Terrors und der Zerstörung. In diesen Kriegen hat der Islam überhaupt keine aktive Rolle gespielt. Er war selbst das Opfer von Krieg und Aggressionen. Der Zweite Weltkrieg war der blutigste der Geschichte, und seine Hauptakteure waren westliche Staaten. Die Eroberung von Asien, Afrika und Südamerika zur Zeit des Kolonialismus ging von westlichen Staaten aus und geschah nicht selten im Namen der Religion. Der Gewaltaspekt dieser Herrschaftskultur war ja nicht nur begrenzt auf die Natur, die ausgebeutet werden sollte, sondern bedeutete auch die Teilung der Welt in Herrschende und Beherrschte. Die soziopolitische Geschichte Europas als Kolonialismus ist gekennzeichnet durch die Ausbreitung der Herrschaftsattitüden des Menschen über die Natur und der Naturwissenschaften über den Menschen.

Welche handlungsleitenden Ideen können wir aus der Geschichte für den realen Dialog ableiten?
Die Geschichte zeigt uns bei genauerer Betrachtung die Entwicklung von Glaubenssätzen und Annahmen, aus denen heraus die Menschen handeln. Die Vielfalt der unterschiedlichen Traditionen, Sichtweisen und Religionen, bis hin zu den Sekten der Hauptreligionen, zeigt uns außerdem, dass niemand allein aus einer Ecke das, was wir Realität nennen, verstehen kann. Zum Beispiel, wenn wir über den Islam sprechen – welchen meinen wir? Abuzars Islam, Avicennas Islam, Quazalis Islam, Ibn Arabis Islam, den Islam der Poeten oder den der Sufis? Alle diese Aspekte zeigen sehr deutlich die Begrenztheit menschlichen Verständnisses auch in der Religion. Und wie unterscheiden wir uns von der Gedankenwelt der Eltern?

Die religiösen Lehren können, so ist eine Annahme, gerade dann, wenn sie zu Dogmen erstarren, einen Dialog behindern. Andererseits, sagen Sie, kann die Religion auch die Herzen für tiefere Fragen erschließen.
Nach meiner Meinung ist der einzige zuverlässige Weg, um Gott zu verstehen, der des Herzens. Nicht durch das Denken, nicht über den Intellekt, nur durch reine Erfahrung ist dieser Weg zu gehen. Wenn wir die Begrenzung unseres Intellekts, die wir eben beschrieben haben, sehen – wie soll er in der Lage sein, Gott zu verstehen? Die Wahrheit des Glaubens ist kein Gedanke, er ist eine Erfahrung, die auf eigener Entwicklung beruht. Verstehen ist ein intellektueller Versuch, wo durch bekannte Konzepte versucht wird, das Unbekannte zu verstehen, und das hängt davon ab, wo die jeweilige Person in Raum und Zeit steht. Er ist relativ. Der entscheidende Punkt im Glauben ist, dass wir den Weg des Herzens gehen müssen,

um Gott zu erfahren, und dieser Weg kann von jedem von uns nur allein gegangen werden.

Welche Rolle spielt der Dogmatismus im Konzept des Dialogs?
Dogmen sind das größte Hindernis auf dem Weg zu einer gemeinsamen menschlichen Zukunft. Sie können eine verheerendere Logik entwickeln als konkurrierende Ideen und Auffassungen. Das Negative liegt darin begründet, dass sie sich oft eine Aura der religiösen Legitimität umlegen. Imam Khomeini, der im Westen manchmal als Dogmatiker entstellt wird, hat selbst immer wieder vor den Gefahren des Dogmatismus gewarnt.

Die fehlende Aufklärungsphase im Islam, die mangelnde Trennung von Staat und Religion, die Errungenschaften der bürgerlichen Religion werden häufiger als Hindernis für den Fortschritt im Islam gesehen.
Freiheit, Gerechtigkeit und Brüderlichkeit sind die zentralen Versprechen der Französischen Revolution. Aber sie wurden schnell Waffen in der Hand der neuen Bourgeoisie gegen die Aristokratie, um die grenzenlosen Herrschaftsansprüche der Neureichen zu kaschieren. Es ist auch möglich, dass die modernen Wissenschaftler und Intellektuellen die rationale und intellektuelle Rechtfertigung der grenzenlosen Ansprüche und Ambitionen für eine neue Klasse liefern. Wenn wir auch immer wieder darauf hinweisen, welche Erfolge die westliche Zivilisation gebracht hat, etwa die moderne Wissenschaft, Technologie, Gedankenfreiheit und Demokratie, können wir nicht übersehen, was der Kolonialismus an tödlichen Folgen bis heute angerichtet hat. Die Ausbeutung von Rohstoffen und die Umweltzerstörung bis hin zu den Halbwahrheiten, Lügen und dem Opportunismus, der ebenfalls den Westen

kennzeichnet, gehen auf sein Konto. Manchmal scheint es so, dass der Westen keine Gesellschaftsform, die von seiner abweicht, toleriert. Es sei denn, sie ist nützlich für seine eigenen Interessen. Wir wissen, dass die wirtschaftliche, politische und militärische Macht des Westens komplexer ist als alles, was wir aus der Vergangenheit kennen.

Gibt es in der Geschichte Brücken des Verständnisses, wo aus Ihrer Sicht das gegenseitige Verständnis und die Toleranzidee bestärkt werden?

Die arabische Kultur hat die westliche Kultur mehrfach befruchtet, zum Beispiel als Mittler der griechischen Idee. Oder nehmen Sie als Beispiel Dante, der von Ibn al-Arabi beeinflusst worden ist. Italien und Byzanz wurden von der islamischen Welt beeinflusst. Die Idee der Toleranz ist nach der Zeit der Kreuzzüge durch den Kontakt mit dem Islam nach Italien vorgedrungen. Es ist schon eine Ironie der Geschichte, dass dieses Konzept der Toleranz jetzt von den Europäern dem Islam vorgehalten wird. Auch der deutsche Dramatiker Lessing hat seinen *Nathan der Weise* aus italienischen Quellen entwickelt. Ist heute der Westen der Spiegel des Ostens, war der Islam in einer nicht so fernen Vergangenheit Spiegel des Westens. Heute sind wir Nachbarn. Und die kann man sich nicht aussuchen. Deshalb müssen wir, unabhängig von kulturellen und moralischen Überlegungen, einen gemeinsamen Weg in die Zukunft suchen. Unsere Zukunft verläuft genausowenig unabhängig wie unsere Vergangenheit. Der Dialog ist für mich nicht eine zufällige Wahl, sondern eine Notwendigkeit.

Was kann heute praktisch getan werden, um die Voraussetzungen für einen fruchtbaren Dialog zu verbessern?

Wir Muslime müssen selbst Fortschritte auf verschiedenen Gebieten machen, um unsere Differenzen zu verringern, so zum Beispiel im Hinblick auf die religiöse Rechtsprechung, die Kultur und die Bedeutung von Worten. Menschen sind unterschiedlich, Interpretationen erst recht, daher müssen wir dafür sorgen, dass wir größere Übereinkünfte herstellen. Es ist ja nicht das Hauptproblem, dass wir unterschiedliche Wege des Denkens nebeneinanderstellen. Wichtig ist, dass sie nicht zu Gegensätzen, Streit, Aggressionen und Krieg führen. Auch darf die Religion nicht als Gegensatz zu Rationalität und Freiheit verstanden werden. Ich glaube, dass der islamische Mystizismus mit seinem Konzept der Person und seinem Verständnis von Einheit eine geistige Quelle für den Dialog sein kann. Wenn wir eine gute Zusammenarbeit auch im wirtschaftlichen und politischen Sektor wollen, müssen wir überlegen, was die Herzen der Menschen besser zusammenbringt. Das bedeutet auch, dass wir zwischen den Denkwelten der Menschen Brücken schlagen müssen. Wir müssen darüber reden, was uns gemeinsam angeht. Was ist der Sinn des Lebens? Was heißt Glück? Was bedeutet der Tod? Das wird nicht sofortige Resultate bringen. Aber denken Sie nur an die Brüchigkeit von wirtschaftlichen und politischen Vereinbarungen, wenn die kulturelle Basis fehlt. Für unsere Dialogarbeit wollen wir wichtige Grundlagen und Standards festlegen. Der Dialog soll in der Kultur und im Bildungswesen eine große Rolle spielen. Wir wollen eine Zivilgesellschaft auf breiter demokratischer Basis. Der Begriff „Dialog" in seiner praktischen Reichweite soll erforscht werden. Es ist Aufgabe einer Weltorganisation wie der UNESCO, solche Forschungen anzuregen und ihre Ergebnisse weltweit zu verbreiten, für eine friedliche Zusammenarbeit auf unserem gemeinsamen Planeten.

5.5 *Die Welt des Dialogs im Gefängnis* Eine Begegnung mit Peter Garrett

> *Dialog ist nicht eine neue Kommunikations- oder Beziehungskultur. Für mich ist es die Vereinbarung, dass das scheinbar Gegebene zwischen uns neu angeschaut und hinterfragt werden darf. Dialog ist das Abenteuer, selbstverantwortlich etwas Neues, Passenderes zu entdecken, zu entwickeln oder zuzulassen. Mit allen Höhen und Tiefen, die das Hinterfragen gegebener Kulturen, Regeln, Bewertungen und Normen mit sich bringt. Dadurch hat Dialog unter anderem das Potenzial, Machtmissbrauch, Hierarchieverfestigung und Ausgrenzung zu verhindern.*
> *Dialog erlaubt diese unerhörten Dinge eine verabredete zeitlang.*
>
> Halla Zhour

Die schweren Stahltüren des Hochsicherheitsgefängnisses Whitemoor fallen hinter Peter Garrett ins Schloss. Mit seinem unbewaffneten Begleiter Mike English ist er auf dem Weg zu seinem Arbeitsplatz, einer Dialogrunde hinter dreifach gesicherten Mauern. Seine Gesprächspartner waren in der letzten Woche Mehrfachvergewaltiger, heute sind es Serienmörder, Berufskiller und Terroristen. Sozialarbeiter und Gefängnispfarrer haben diese Menschen fast aufgegeben.

Peter Garrett, Managementtrainer und Aktionsforscher aus dem englischen Chipping-Campden ist der einzige, der noch mit ihnen ins Gespräch kommt. Die Teilnehmer sind freiwillig in der Runde, und sie lernen Schritt für Schritt, ihren verborgenen Lebenslauf zu entschlüsseln. Hat Peter Garrett ein Zaubermittel entwickelt? Auf den ersten Blick tut er fast nichts. Aber er ist präsent. Er hat festgestellt, dass diejenigen, die mit der Einstellung arbeiten, die Gefangenen ändern zu wollen, sie zu zivilisieren, genau das Gegenteil erreichen. Sein Weg ist, sie einfach zu verstehen, ihnen zuzuhören. Peter Garrett sorgt zunächst für ein offenes Gesprächsfeld und einen Vertrauensraum, den „Container".

„Das ist von grundlegender Bedeutung, denn in einer gewöhnlichen Gesprächssituation ist das, was gesagt wird, häufig nur verbales Spielmaterial und überlagert die darunterliegenden Einstellungen, Ängste und Machtstrukturen in der Gruppe. Um diese thematisieren zu können, ist ein tragfähiger Container als Vertrauensbasis Voraussetzung", so Garrett. Vielfach ist es für Gefangene das erste Mal in ihrem Leben, dass man ihnen echte Aufmerksamkeit schenkt. In diesem „Hörfeld" sagen sie Dinge über sich, die sie nie vorher erzählt haben. Sie sind über sich selbst erstaunt. Und es beginnt ein seltsamer Veränderungsprozess nach dem Motto: „Wahrgenommene Phänomene verwandeln sich."

Heute nehmen 21 Personen teil. Auch Wachleute sind darunter. Ein Gefangener zur Runde: „Ihr schimpft auf die Knastbedingungen, als hätten wir nichts verbrochen. Ich weiß, warum ich hier bin. Ich habe Banken ausgeraubt, und es war klar, wenn sie mich fassen, lande ich hier. Bankraub ist mein Business. Und Knast ist das Geschäftsrisiko. Ich weiß nicht, warum ich das mache. Mir gehörte eine Kneipe, und ich brauchte eigentlich das Geld nicht. Als ich jung war, habe ich in dem Landstrich, wo ich lebte, gesehen, dass die einzigen, die schicke Wagen fuhren, Bankräuber waren. Darum habe ich wohl damit begonnen. Aber ich weiß nicht, warum ich das heute mache".

Garretts Begleiter: „Willst du denn herausfinden, warum du das machst?"

Hauptwachtmeister Ken X: „Was ich heute besonders schätze, ist, dass wir über Dinge reden, die uns wirklich etwas angehen und uns bewegen. Das hat große Bedeutung für mich, und ich werde für die Dialoggruppe in diesem Gefängnisflügel Werbung machen."

Peter Garrett arbeitete ursprünglich wissenschaftlich im Bereich der Gruppenforschung und der praktischen Managementbildung. Die Idee des Dialogs faszinierte ihn und er wollte prüfen, ob sie nur eine intellektuelle Spielwiese sei oder auch für den härtesten Alltag tauge.

Garrett: „Das Problem, das manche Menschen mit dem Dialog haben, ist, dass sie glauben, er ist nur für ‚Softprobleme' geeignet. Nach meiner Erfahrung ist er aber gerade die Grundlage für die Lösung der schwierigsten Situationen. Denn er macht Machtstrukturen sichtbar. Darum geht es im Gefängnis und im Leben von Gewalttätern. Es wird im Dialogprozess sichtbar, wie der Einzelne mit Macht und Energie umgeht."

Garrett hat gelernt, dass Frage keineswegs gleich Frage ist. Das unschuldige „Ich habe ja nur gefragt" gilt für ihn nicht. „Fragen und Antworten funktionieren nicht nach der linearen Logik eines Computermodells ja/nein oder richtig/falsch. Eine Welt von Bedeutung steckt dahinter und dazwischen", betont er.

So hat eine in den USA durchgeführte Untersuchung ergeben, dass 95 Prozent der jeweils Befragten in standardisierten Gesprächssituationen die Fragen der Fragesteller als „feindlich" einstufen, während die Versuchsleiter die gleichen

Fragen zu 80 Prozent als verdeckte Statements und zu zehn Prozent als „feindliche" Fragen einstuften. Nur zehn Prozent aller Fragen wurden als „echte" Fragen klassifiziert! „Dies ist für mich auch immer eine Reise in die dunklen Bereiche meiner eigenen Psyche", verrät Garrett. Im Gefängnis-Dialog muss jede Bewertung der Verurteilten in der konkreten Dialogsituation entfallen. Es ist der Zustand der Suspendierung, des zeitweiligen Außerkraftsetzens von gesellschaftlichen Kontrollnormen, der allen Beteiligten die Grundlage für eigene Entdeckungen bietet. Es geht um die Beziehung und um die Einsicht, dass man durch seine eigene Beobachtungshaltung sich selbst und den anderen beeinflusst. In diesem Sinne ist – in Analogie zur Quantenphysik – der jeweilige „Forschungsgegenstand" nicht vom Beobachtenden, von seiner Haltung und seinen Intentionen zu trennen.

Dass dieses „Beziehungsphänomen" auch wissenschaftlich begründbar ist, hat erst die Quantenphysik gezeigt. Das gesamte Universum ist demnach ein vollständiges Netz von Beziehungen, nach dem Motto von Einstein: „Wenn eine Maus das Universum betrachtet, verändert es sich." Auch das verrückte „Doppelspalt-Experiment" der Physik, in dem sich ein Lichtphoton je nach Versuchsanordnung und Beobachtung einmal als Teilchen, einmal als Welle zeigt, hat schon Generationen von Physikern beschäftigt. Vielleicht ist es daher auch kein Zufall, dass ein Physiker und Schüler von Oppenheimer und Einstein, nämlich David Bohm, einer der Begründer des Großgruppendialogs ist. Mit ihm hat Garrett auch die ersten dialogorientierten Großgruppenexperimente entwickelt. Die ersten Treffen fanden in den 1980er Jahren in dem kleinen englischen Städtchen Mickleton statt.

Peter Garrett entwickelte den Dialogprozess in England. Zwischen 1982 und 1992 arbeitete er intensiv mit David

Bohm zusammen und führte den Dialog anschließend als Methode der Resozialisation in mehreren Hochsicherheitsgefängnissen in Großbritannien und den USA ein. Seine Arbeit machte ihm klar, wie unser Verhalten durch „das verborgene Curriculum“, den heimlichen „Lehrplan“, bestimmt wird, den uns Familie und Gesellschaft mitgeben. Garrett hat erstaunlichen Erfolg mit der Gruppenarbeit im Dialog. Es geht ihm nicht um Schuldzuweisung, sondern um Selbsterkenntnis. Alle Teilnehmer sind freiwillig in der Runde, und sie lernen, Schritt für Schritt ihr verborgenes Lebenscurriculum zu entschlüsseln.

Lernen jenseits von „richtig“ und „falsch“ – Ein Gespräch mit Peter Garrett

Hartkemeyer: *Peter Garrett, wie sind Sie dazu gekommen, den „Dialog“, der von manchen als schöngeistige Konversationsübung missverstanden wird, in einem Gefängnis anzubieten?*
Garrett: In einer Dialoggruppe in London lernte ich bei dem Gruppenanalytiker Patrick de Maré den leitenden Beamten eines Hochsicherheitsgefängnisses kennen. Er war vom Dialog so begeistert, dass wir zusammen mit Donald Factor, der ebenfalls große Dialogerfahrungen hat, einen Vorschlag für ein konkretes Projekt ausarbeiteten.

Warum hat Sie das Arbeiten im Gefängnis so fasziniert?
Es war ein sonderbares Gefühl, ähnlich dem, das ich beim Besuch von Anstalten für psychisch Kranke hatte. Vielleicht ahnte ich, dass es ein Weg ist in Bereiche, in denen ich mehr über mich entdecke, als ich sehen will. Wo ich mit etwas konfrontiert werde, das ich im Schattenbereich meiner Psyche halten möchte. Ich bin im damaligen Rhodesien aufgewach-

sen, auf dem Lande, in der Weite der Natur, und wurde dort von einer schwarzen Amme betreut, ging dann nach England mit seinen strengen sozialen Regeln und Klassenstrukturen. So fühlte ich mich eingezwängt zwischen meiner intellektuellen Heimat Europa und der Gefühlsheimat Afrika. Ich kann nicht in beiden gleichzeitig sein. Diese Konfliktlage finde ich im übertragenen Sinne auch in Gefängnissen. Die Familien der Insassen leben außerhalb, und zu denen können sie nicht. Die Gefängniswelt ist aber nicht die wirkliche Welt, und viele Gefangene empfinden die Haft als verlorene Zeit.

War es leicht, diese Arbeit zu beginnen?
Nein, denn das, was wir schaffen, ist eine Art Gegenkultur. Wir kommen überein, dass die Runde freiwillig ist und wir über alles reden können. Gewöhnlich ist die Konversation im Gefängnis sehr begrenzt. Auch die Wärter gebrauchen eine sehr begrenzte Art des Vokabulars, und die Gefangenen tauschen in der Regel nur Floskeln aus. Wenn man in dieser Kultur etwas erreichen will, muss man einen langen Atem haben und den starken internen Widerstand der Organisationsstruktur überwinden. Und man muss auch dafür sorgen, dass man selbst nicht psychisch geschädigt wird. Aber ich erfahre bei dieser Arbeit eine Menge darüber, wie wir in unserer Gesellschaft lernen, uns so zu verhalten, wie wir uns verhalten. Diesen Prozess bekommen wir zunächst über unsere Familien mit. Unbewusst lernen wir, über was wir reden können und über welche Themen nicht. Lehrer und alle, die Einfluss auf unser Denken haben, bringen uns schnell dazu, zu spüren, für welche Äußerungen wir belohnt oder bestraft werden.

Selbst wenn wir hören, dass jemand etwas offensichtlich ziemlich „Unlogisches“ und „dummes Zeug“ sagt, haben wir als Kinder gelernt zu schweigen. Alle Eltern bringen ihren

Kindern subtil bei, wie sie sich in spezifischen Situationen zu verhalten haben. Ein Polizist symbolisiert nur den Prozess, den alle Wohlerzogenen als Kontrollinstanz verinnerlicht haben.

Mich interessiert, warum viele Gefangene nicht in diesem Sinne „zivilisiert" sind. Ich habe Menschen kennengelernt, die über 40 Jahre daran gearbeitet haben, diesen Zivilisationsprozess über das Training von Normen oder Schamgefühl nachzuholen und zu verändern, damit sich die Straffälligen besser verhalten. Ich glaube nicht, dass dies ein erfolgreicher Weg ist.

Und durch diese Fragen habe ich sehr viel über den heimlichen Lehrplan erfahren, der unsere Interaktionen beherrscht. Für Organisationen ist es ganz entscheidend, die Sprache zu kennen, wenn man wirksame Veränderungsprozesse durchführen will. Das Gleiche gilt für die individuelle Ebene.

Haben Sie ein Beispiel für einen dialogischen Reflexionsprozess?

Ich hatte einmal einen Mehrfachvergewaltiger in der Runde und wir kamen zu dem Punkt, an dem ich ihn offen fragte, warum er das getan habe. Nachdem er einige Details erzählt hatte, sagte er: „„Nach all den Verhandlungen, Berichten und zwölf Jahren Haft sind Sie der Erste, der mich fragt, warum." Und er war durch seine eigene Frage in der Lage, von der Abwehr und Rechtfertigung wegzukommen und eine forschende Haltung einzunehmen. Er begann seine Geschichte mit dem Satz:

„Ich hätte es nicht tun sollen."

Ich erwiderte: „Wer sagt, dass Sie es nicht hätten tun sollen?"

Es geht nicht darum, dass man eine andere Person nicht verletzen soll; jetzt geht es um die Frage: „Warum passierte es wirklich?“ Denn die Denkstrukturen mit den Kategorien: „Das ist falsch, und ich hätte es nicht tun sollen“ kommen aus einem anderen Wertesystem. Ich denke, wir sollten unabhängig von „richtig“ und „falsch“ hinsehen und erforschen, *warum* es passiert ist. Erst wenn dieser Prozess der Selbsterforschung durchlaufen ist, können wir über Werte reden und über die Konsequenzen eines solchen Verhaltens.

Das können wir in der Regel schlecht akzeptieren, weil es uns unmöglich erscheint, ohne den Zeigefinger der Empörung über solche Scheußlichkeiten zu reden.
Genau. Und wir verstehen nicht, warum unsere moralische Entrüstung und unsere Appelle in der Regel völlig unfruchtbar sind. Mein Ziel ist jedoch, die sehr begrenzten menschlichen Kapazitäten zur Selbsterforschung zu erweitern.

Glauben Sie, dass die Personen, mit denen sie gearbeitet haben, nun die eigenen Verhaltensmuster besser verstehen?
Ja, ob sie allein über sich selbst nachdenken oder ob sie durch das Gespräch in einer Dialoggruppe über sich nachdenken, in der sie wirklich gehört werden, dies sind völlig unterschiedliche Prozesse. Ein Unterschied besteht darin, dass dann, wenn ich isoliert über mich nachdenke, die Gedanken springen können, ohne dass ich mich um irgendwelche Zusammenhänge kümmere. Erst denke ich beispielsweise daran, wie ich hierherkam, dann darüber, ob Du noch einen Keks möchtest, dann über das Mittagessen, dann über Deine Fragen … die Gedanken schweifen überallhin. Das ist ganz natürlich. Wenn ich anderen in einem Dialogprozess etwas verständlich machen will, muss ich ihnen die Zusammen-

hänge zwischen den Gedankenmustern erläutern. Entweder ich erkläre sie, oder ich werde gefragt. Und während ich diese Zusammenhänge erkläre, passiert es häufig, dass ich feststelle, dass sie gar nicht so zusammenhängend sind, wie ich angenommen hatte. Ich kann in der Dialoggruppe erkennen, wie begrenzt mein Bild war. Plötzlich sehe ich neue Zusammenhänge. Zwischen den fragmentierten Mustern erkenne ich neuen Sinn, und durch diesen Prozess kann ich völlig neue Gedankenfelder aufbauen, zu denen ich allein nicht in der Lage gewesen wäre.

Verändern, ohne zu *wollen*

Garretts Erfolge mit der Dialogprozessarbeit haben in England zur Gründung der Stiftung *Prison Dialogue* geführt. Das Geheimnis seines Erfolgs liegt für Garrett darin, eine interessierte Fragehaltung zu entwickeln und sich eine echte Entdeckerfreude zu erhalten. Im Dialogprozess geht es nicht um Bewertung oder Abwertung der Verurteilten. Die Suspendierung – das zeitweilige Außerkraftsetzen von gesellschaftlichen Kontrollnormen – bietet allen Beteiligten die Grundlage für eigene Entdeckungen: In dem Moment, in dem niemand eine Verwandlung zu erzwingen sucht, wird es möglich, sich zu wandeln.

Aus dem Gespräch mit Peter Garrett geht auch hervor, wie sehr Ver- und Beurteilungen die Selbstreflexion des Einzelnen blockieren. Eine vorurteilsfreie Atmosphäre und ein sicherer Vertrauensraum dagegen ermöglichen den Blick auf die innere Motivation, ein Erkennen der tieferen Bedürfnisse, die den eigenen Handlungen zugrunde liegen. Erste Voraussetzung eines solchen Prozesses ist das Gehörtwerden in der Gruppe, er erfordert darüber hinaus das Formulieren und

Aussprechen eigener Annahmen und Vermutungen, erweitert sich durch den Austausch, kann eigenes Erkennen von größeren Zusammenhängen ermöglichen und zu neuem Denken führen. Peter Garrett arbeitete ursprünglich wissenschaftlich im Bereich der Gruppenforschung und der praktischen Managementbildung. Er wollte prüfen, welches Veränderungspotenzial der Dialogprozess hat und ob er auch für die Lösung schwieriger Situationen brauchbar ist. In einem solchen Prozess können Machtstrukturen thematisiert werden, und darum geht es im Gefängnis und im Leben von Gewalttätern – aber im Prinzip auch im Alltag eines jeden. Wie der Einzelne mit Macht und Energie umgeht, tritt dort nur drastischer hervor.

Garrett hat festgestellt, dass diejenigen, die die Gefangenen ändern wollen, oftmals genau das Gegenteil erreichen. Sein Weg besteht darin, ihnen zuzuhören. Das ist eine der zentralen Paradoxien der Aktionsforschung: Es geht nicht darum, dass ein Subjekt ein Objekt zu verändern sucht. In einem Beziehungsnetz sind immer alle „irgendwie" beteiligt. Aus eigener Erfahrung weiß jeder Partner in einer Beziehung, wie erfolglos und aggressionsauslösend solche Veränderungsversuche sind, ob in der Pubertät, in Partnerschaft oder Ehe. Worum es im Dialog geht, ist die Förderung einer gleichwürdigen Qualität der Beziehung. Erst dann haben wir die Chance zu spüren, wie wir durch die jeweils eigene Achtsamkeit und Haltung uns selbst und den anderen beeinflussen.

5.6 Dialog als Selbstinfragestellung und Initiation

Entweder wir bauen die Zukunft gemeinsam oder es gibt keine Zukunft.

Papst Franziskus und Großimam Ahmad Al-Tayyeb 2019 in Abu Dhabi

Im Sommer des Jahres 2015 begab sich ein denkwürdiges Ereignis. Der oberste Repräsentant einer Glaubensgemeinschaft, die sich über 2000 Jahre hinweg als die allein seligmachende Kirche verstand, relativierte ihr zentrales Dogma. Und mit dieser Geste fand gleichzeitig die ungebrochene Demonstration der Überlegenheit der westlichen Kultur nach 500 Jahren Kolonialismus und Neokolonialismus von Seiten dieser Kirche ein Ende. Worum geht es?

Papst Franziskus bot einen Dialog an: „Ich bitte demütig um Vergebung, nicht nur für die Sünden der Kirche selbst, sondern auch für die Verbrechen gegen die Indigenen Völker während der sogenannten Eroberung Amerikas."

Das Bild, das Papst Franziskus zusammen mit einem Ureinwohner zeigte, der mit dem festlichen Federschmuck seines Stammes geschmückt war, ging um die Welt. Die Grundlage für einen echten Dialog auf Augenhöhe scheint gelegt.

Über Jahrhunderte wurde das europäische Selbstverständnis geprägt von kultureller Überlegenheit und technologischem Fortschritt zur Basis imperialer geopolitischer Macht. Bis heute werden mit diesem Gestus der überlegenen Moral der Führungsanspruch und auch militärische Interventionen des Westens in aller Welt begründet.

Der französische Kulturwissenschaftler Merleau-Ponty schrieb in seinem Essay *Humanismus und Terror*: „Eine Gesellschaft ist nicht der Tempel jener Wert-Idole, die auf dem Giebel ihrer Monumente oder in ihren Verfassungstexten stehen, sie ist das wert, was in ihr die Beziehungen des Menschen zum Menschen wert sind. Es geht nicht darum, was die Liberalen im Kopf haben, sondern darum, was der liberale Staat innerhalb und außerhalb seiner Grenzen in Wirklichkeit tut (…) Was antworten, wenn ein Indochinese oder ein Araber uns darauf hinweist, dass er zwar unsere Waffen, nicht aber unseren Humanismus gesehen hat?“

Erst langsam beginnen wir in der Auseinandersetzung mit der eigenen Geschichte schmerzhaft herauszufinden, welche Rolle wir auf diesem Planeten gespielt haben, weil die Folgen in Form von Naturzerstörung, Flucht und Migration unübersehbar werden.

Die Ethnologin Nadja Rosmann beschreibt in ihrem Beitrag *Bewusstsein auf Entdeckungsreise* den notwendigen Wandel dieses westlichen Denkens im globalen Dialog. (*evolve*, 8/2015) Sie schreibt aber auch, dass dies eine radikale Anfrage an unsere bisherige Identität ist, diese Infragestellung aber gleichzeitig eine notwendige Voraussetzung für diese neue Form eines globalen Dialogs sei: „Zumindest ist schwer vorstellbar, dass die Geisteshaltung, die über Jahrhunderte die Asymmetrien im weltweiten Kulturkontakt herbeigeführt hat, aus sich selbst heraus die Voraussetzungen für ein neues Miteinander kreiert (…) Die Augen, die auf andere Kulturen blicken, können sich selbst nicht sehen.“ Und sie beschreibt mit den Worten der Linguistin Susanne Cook-Greuter, wie schwer es ist, aus dem eigenen Bewusstsein herauszutreten: „Sobald eine kohärente Sicht der Wirklichkeit in uns etabliert ist, neigt sie dazu, zur alleinigen

Realität zu werden, die alle rivalisierenden Möglichkeiten herausfiltert."

Wir sind stolz auf unsere logisch analytischen Fähigkeiten und neigen dazu, auf dieser Basis unsere Erkenntnisfähigkeit nur dadurch zu definieren, immer feinere Kategorisierungen vornehmen zu können, ohne zu einem echten Dialog fähig zu sein und wirklich neu zu denken.

Dazu bräuchte es eine neue Basis für einen Verstehensprozess, welche die bisherige Identität sprengt. Sie zitiert den Ethnologen Hans Peter Duerr: „Verstehen ist etwas ganz anderes als übersetzen. Es ist nicht die Zurückführung des Fremden auf ein Bekanntes, vielmehr das Ergebnis der *Initiation* in eine fremde Lebensform."

Und Initiation ist ein radikaler, an die Wurzeln unserer bisherigen Weltanschauung gehender Akt. Auch der echte Dialog ist kein Meinungsaustausch. Unser gemeinsames Ziel im Dialog ist ja nicht, unsere Meinung gegen die Meinung anderer auszutauschen, sondern gemeinsam neue Erkenntnisse zu gewinnen, die über die bisherigen Verständnisgrenzen hinausweisen.

Kapitel 6

Der Dialog als Lernfeld zwischen Wissen und Einsicht

Nicht um gefangenzunehmen

Wir sind nicht hierhergekommen
um einander gefangenzunehmen,
Sondern um uns sogar noch tiefer
der Freiheit und Freude auszuliefern.
Wir sind nicht in diese wunderbare Welt gekommen
um uns, fern der Liebe, als Geiseln zu halten.
Lauf, mein Liebes, lauf allem davon,
was deine kostbaren, knospenden Flügel
beschneiden könnte.
Lauf um dein Leben, mein Liebes,
lauf Jedem davon, der ein scharfes Messer
in den heiligen, zarten Traum
Deines edlen Herzens stoßen könnte.
Wir haben die Pflicht
uns mit Jenen Seiten des Gehorsams anzufreunden,
die draußen vor unserem Haus stehen
und unserem Verstand zurufen:
„Oh bitte, bitte,
komm heraus und spiel mit uns!“
Denn wir sind nicht hierhergekommen
um einander gefangenzunehmen
Oder unseren wundersamen Geist einzukerkern,
sondern um immer tiefer
zu erleben, was göttlich in uns ist:
Mut, Freiheit und Licht!

Hafis

6.1 Lernen! – Lernen – Lernen?

Die Welt ist aber reicher, als dass sie durch eine einzige Sprache ausgedrückt werden könnte.

Ilya Prigogine

Im chinesischen **Zeichen für das Wort „lernen“** bedeutet das erste Doppelzeichen „lernen“ im engeren Sinn. Es setzt sich aus dem Zeichen „Wissen ansammeln“ und dem Zeichen für ein Kind auf der Schwelle einer Tür zusammen. Es kann den Eintritt in eine „neue Erkenntnis“, eine neue Lebenssituation bedeuten oder auch bloß Neugierde. Der zweite Zeichenkomplex meint „kontinuierlich üben“ und zeigt oben einen Vogel, der die Fähigkeit entwickelt, sein Nest zu verlassen, und unten ein sich öffnendes Ei, das Symbol für „Jugend“ oder „Entwicklung“. Lernen heißt nach diesem Verständnis, seinen eigenen Lebensweg und die Wissensaneignung durch Neugier, Üben und permanente Entwicklung zu suchen.

Im Deutschen entstammen „lehren“, „lernen“ und „leisten“ einer gemeinsamen Wurzel: dem germanischen „laisti“, was Fußspur bedeutet. Die Rolle eines Lehrenden besteht nach diesem Verständnis nicht darin, jemandem etwas beizubringen, sondern sie entfaltet sich dadurch, dass man gemeinsam einer (interessanten) Fährte nachspürt. Insofern ist eine Lehrende eine Gefährtin oder Begleiterin auf dem Lernweg. Im Zusammenhang des Dialogs übersetzen wir „Facilitator“ auch mit Dialogprozess-Begleiter. Aus dialogischer Sicht wird in beiden Fällen das ausgedrückt, was wir unter einer „lernenden Haltung“ verstehen. Diese bezieht sich primär auf das Individuum, hängt aber ebenso von dem Kontext ab, also von Beziehungen, die unterstützend oder hindernd sein können.

Dabei geht es um einen grundlegenden Perspektivwechsel in bezug auf das, was wir als organisierte Bildung verstehen – nicht nur um die Institute, die Berechtigungen, Zertifikate und Ansehen vermitteln, sondern um den Prozess des Lernens, die Entfaltung der „kollektiven Intelligenz“. „Form follows function“ – die Form folgt dem, was wir inhaltlich wollen.

„Unter-richt“ war der Begriff, den der preußische König Friedrich der Große für die disziplinierte Ausrichtung seiner Soldaten in den Anstalten gebrauchte. Sie hatten sich „unten“ nach ihm zu „richten“. Die Konsequenzen für die Organisation der „Lehr-Anstalten“ sind bis heute spürbar.

Es ging nicht darum, geistig einer interessanten „Fährte" und einer eigenen „Lernspur" zu folgen. Die Bewertungen der Leistungsfähigkeit des deutschen Bildungswesens wurden vielfach als ein Schock erlebt. PISA überprüfte erstmals nicht nur das angelernte, abfragbare Wissen, sondern die „Literacy", hier zu verstehen als Kompetenz, Wissen eigenständig zu erschließen, anzuwenden und auf neue Kontexte zu übertragen.

Eine solche Kompetenz erfordert eine neue Lernkultur von Schule, Hochschule und Weiterbildung. Die Lernenden selbst werden Experten in Fragen der Erforschung und Entwicklung ihres eigenen Lernweges, und die Lehrenden entwickeln sich weiter zu Lernprozess-Begleiterinnen und -begleitern. Während in der Schule das Abschreiben bestraft und „Einzelkämpfertum" als individuelle Profilierung belohnt wird, brauchen lernfähige Organisationen und Unternehmen heute teamfähige Mitarbeitende mit kommunikativen Fähigkeiten und der Bereitschaft, Wissen (mit-) zu teilen. Denn die Schnelligkeit, mit der in Unternehmen gelernt wird, scheint zum zentralen Wettbewerbsvorteil unserer Gesellschaft zu werden.

6.2 *In Informationen kann man ertrinken.* Joseph Weizenbaum über den Dialog als Grundlage menschlicher Intelligenz

Joseph Weizenbaum wurde 1923 in Berlin geboren. Er emigrierte in die USA und arbeitete lange Jahre als Professor für Computerwissenschaften am Massachusetts Institute of Technology (MIT) in Cambridge. Gleichzeitig galt er als einer der schärfsten Kritiker von Überschätzungen der Computeranwendung, insbesondere der künstlichen Intelligenz (KI). Er verweigerte auch die Mitarbeit an der Entwicklung von Waffensystemen für den Vietnamkrieg. Joseph Weizenbaum starb im Jahr 2007 und liegt auf dem jüdischen Friedhof in Berlin-Weißensee begraben.

„Die technische Zivilisation ist gefährdet"

Hartkemeyer: *Herr Weizenbaum, angeblich sind wir auf dem Weg ins Informationszeitalter. Und dieses wird bestimmt durch digitale Netze und ist global organisiert im Internet. Für manche Kommunikationswissenschaftler sind wir sogar auf dem Weg in eine postsprachliche Kultur.*
Weizenbaum: Es ist Alltagspraxis geworden, Informationen mit Wissen oder gar mit Ideen zu verwechseln. Das hat überhaupt nichts miteinander zu tun. Im Gegenteil, Nonsenstexte vom dressierten Affen am PC geschrieben, haben informationstheoretisch einen größeren Informationsgehalt als Shakespeares Werke. Der Kontextbezug wird einfach unterschlagen. Das ist so, als wenn ich ein Kunstwerk von Michelangelo zermahle und aus der chemischen Analyse seine Idee rekonstruieren wollte.

So ist die euphorische Ankündigung des Informationszeitalters ein Irrglaube?
Natürlich. Information kann man weder essen, noch trinken, aber man kann in ihnen ertrinken. Der Mensch denkt doch nicht aufgrund von Informationen, sondern aufgrund von Ideen. Er ist selbst eine Idee. Ich denke, dass eine instrumentelle Vernunft, eine triumphierende Technik und eine zügellose Naturwissenschaft Suchtmittel sind. Und ich glaube, dass diese eine sich selbst erfüllende konkrete Wirklichkeit schaffen, die den Menschen anwendet. Für mich ist das ein Albtraum. Die Macht, die der Mensch sucht und die er scheinbar durch seine Naturwissenschaft und Technik erworben hat, hat sich in bestimmten Bereichen – und das fühlen viele Menschen auch – in Ohnmacht gegenüber der Technik verwandelt. Es hat eine Verkehrung der Verhältnisse stattgefunden.

Aus ihrer Sicht ein faustischer Pakt? Ist es die Totalität der Technik, die sie kritisieren?
Ich bin gegen jeden Totalitarismus. Meine Familie ist in der Nazizeit aus Deutschland geflüchtet, um der Vernichtung zu entgehen. Und wir haben wie niemals zuvor erfahren, was der Mensch seinen Mitmenschen antun kann. Insofern ist dieses totalitäre Deutschland ein sehr lehrreiches Beispiel gewesen. Deutschland verwirklichte die „Endlösung der Judenfrage" oder das „Judenproblem" wie ein Lehrstück in instrumenteller Vernunft.

Damals gab es eine sonderbare Entwicklung des Antisemitismus. Die Nazis hatten es geschafft, „den Juden" abstrakt auf den Begriff zu bringen als etwas Böses. Unsere Nachbarn und alle, die Juden konkret kannten, sagten häufig: es mag ja sein, dass „der Jude" böse ist, aber die konkrete Familie, die ich kenne, ist lieb und nett. Für die Nazis setzte sich „der Jude" aber nicht aus konkreten Menschen zusammen. Er wurde versachlicht, zur Sache. Dann wurde er mit einem Stern gekennzeichnet. Zum Schluss mit einer Nummer. Die Verwandlung in Zahlen war unmittelbare Vorstufe der Vernichtung. Ich meine, die technische Zivilisation ist heute durch das technisch instrumentelle kalte Denken genauso gefährdet wie damals.

Führt das nicht zu der Frage, warum Begriffe wie „Dialog" und „mentale Modelle" mittlerweile in der Entwicklung von Kommunikationsstilen und Organisationen eine entscheidende Rolle spielen?
Aber Sie meinen damit einen menschlichen Dialog, einen sozialen Prozess, der sich zwischen Gedankenwelten von Menschen abspielt. Das heißt, sie haben eine mathematische Begriffsschrift, Algorithmen. Und deshalb sind sie scheinbar

klarer und präziser als eine gesprochene Sprache. Sie haben scheinbare Klarheit in der Bedeutung und sind scheinbar auch einfach in ihrer Syntax. Außerdem, so ist die Annahme der Systemtheoretiker, können alle Begriffe und Beziehungen, die sich in einer normalen Sprache formulieren lassen, auch in die Computersprache übersetzt werden.

Aber wie operationalisieren sie zum Beispiel einen Begriff wie Liebe oder Glück?
Genau das ist das Problem! Wenn Sie das auf den Begriff bringen wollen, so ist meine Annahme, zerstören Sie das, worum es wirklich geht. Oder sie meinen eine mechanische Liebe, oder ein mechanisch operationalisierbares Glück, das sich ausdrücken lässt in bestimmten Einkommensgrößen, oder es wird in Zusammenhang gebracht mit der Größe ihres Autos, der Größe ihrer Wohnung und so weiter.

Ist das nicht genau das, was die sogenannte moderne Gesellschaft, die Werbewirtschaft, signalisiert? Diese Operationalisierbarkeit von Glück über den Konsum, über die Konsumfähigkeit?
Ja. Wenn der Mensch sich darauf bewusst reduziert, reduziert er sich als Mensch. Und wenn sich der Mensch im Verhältnis zur Maschine sprachlich reduziert, wird er zur Maschine.

Glauben Sie, dass die Informationstechnologie bei der Weiterentwicklung von vernetztem Denken oder ökologischem Bewusstsein von Bedeutung ist?
Sie könnte es vielleicht. Aber sie tut es in dieser Trivialität nicht. Bleiben Sie beim Unterricht. Wenn Sie den Schulgarten aufgeben, oder dem Kind zu Gunsten des Einsatzes von PC im Unterricht den Umgang mit Tieren erschweren, machen

Sie das Gegenteil. Sie schaffen damit kein Bewusstsein. Sie töten das Prinzip Verantwortung. Denn virtuelle Pflanzen und Tiere brauchen keine Pflege.

Aber sind nicht Innovationen durch die gigantische Datenintegration leichter möglich?
Wir müssen uns eingestehen, dass die großen Probleme unserer Welt, wie Krieg, Hunger, Armut, Umweltzerstörung – eine große Liste – nicht deshalb existieren oder so schwer lösbar sind, weil wir irgendetwas nicht wissen im Sinne von fehlenden Informationen, oder weil wir technologisch nicht erreichbar wären, sondern weil den entscheidenden Fragen durch die Flucht in die Technik immer wieder ausgewichen wird.

* * *

6.3 *Wie kommt der Apfel auf den Baum?* Gunter Pauli über den Dialog mit der Natur als Grundlage jeder Bildung

Der belgische Wirtschaftsexperte und Professor für Industriedesign, **Gunter Pauli**, gründete 1994 mit Unterstützung der Universität der Vereinten Nationen und dem japanischen Wirtschaftsministerium die Stiftung ZERI (Zero Emission Research & Initiatives). Sie versteht sich als Plattform für den Austausch von Theorien, Ideen und Wissen, sowie für die Umsetzung integrativer Projekte in der Praxis, die sich an den

Prozessen der Natur orientieren. Auch im Bildungsbereich ist ZERI weltweit aktiv, da nach ihrer Vorstellung bereits im Kindesalter begonnen werden sollte, systemisches Denken zu vermitteln.

„Kinder sehen andere Möglichkeiten"

Hartkemeyer: *Gunter, bei Eurem Bildungsprojekt habt Ihr Euch vom Design biologischer und industrieller Prozesse verstärkt auf das Bildungswesen verlagert. Was steckt dahinter?*
Pauli: Unser Bildungswesen operiert in der Regel noch mit der Einstellung, als wären Kinder mit leeren Köpfen ausgestattet, die man lediglich mit Wissen füllen müsste, um sie fit für einen Job zu machen. Allmählich sehen wir aber ein, dass dies ein falsches Bild ist, sowohl von Bildung als auch von den Notwendigkeiten der Zukunft.

Du schlägst vor, durch Märchen das systemische Empfinden eines Kindes anzusprechen und weiterzuentwickeln.
Ich denke, wir müssen eine andere Realitätsebene ansprechen, wie sie im Märchen so komplex vorhanden ist. Deshalb sind Märchen ja auch so spannend und vermitteln unterschiedliche Einsichten – frag ein Kind! Bildung sollte bedeuten, eigene Denkbegrenzungen zu überschreiten, sie sollte nicht belehrend daherkommen, sondern eigene Einsichten ermöglichen. Denn wenn wir wirklich wollen, dass unsere Kinder eine Welt schaffen, die lebenswert ist, dann müssen wir sie mit den entsprechenden Fähigkeiten und Emotionen ausstatten, um das zu tun! Deshalb muss Lernen sowohl Freude bereiten, damit man Lust an der Erkenntnis behält, als auch herausfordernd sein, damit es effektiv ist. Es geht beim Lernen nicht in erster Linie um das Errei-

chen akademischer Grade, sondern um die Fähigkeit, die Zukunft aktiv mitzugestalten, das heißt effektiv zu kommunizieren, die handwerklichen Fähigkeiten zu entwickeln und die eigenen künstlerischen Potentiale zu entfalten. Jedes Kind ist ein einzigartiges talentiertes, kreatives Individuum, das durch ein förderliches soziales Umfeld unterstützt werden muss.

Jean Piaget, der große Psychologe, hat ja schon vor Jahrzehnten Kinder bei Spiel und Arbeit beobachtet und betont, dass Kinder keine leeren Behälter sind, die man mit Fakten füllen soll, sondern kleine Forscher, die den ganzen Tag, beobachten, Hypothesen aufstellen und ihr eigenes Wissen aktiv konstruieren.
Eigentlich hat Piaget schon vorgedacht, was heute so wichtig ist, aber kaum wirklich umgesetzt wird. Auch John Dewey gehört dazu, der das „learning by doing"-Prinzip betont, und als Gegensatz zur dogmatischen Instruktion verstand. Fritjof Capra ist ebenfalls ein Pionier für systemisches Denken im Bildungsbereich. Er entwickelte ein Schulnetzwerk in Nordkalifornien, welches die „Ecoliteracy" als Basis hat und sich jetzt auch international verbreitet.

Auch die UNESCO hat dies zum Bildungsprinzip erhoben. Was verstehst Du darunter?
Es ist das bessere Verständnis für die grundlegenden Prozesse und Muster, welche das Leben auf dieser Welt erhalten und die Fähigkeit, diese Grundprinzipien auf die Gestaltung unserer technischen Umwelt aktiv anzuwenden. Das erfordert einen tiefen Dialog mit der Natur. Denn um ökologisches Wissen sinnvoll anzuwenden, muss man in zusammenhängenden Beziehungen und Kontexten denken und die Welt als Ganzheit verstehen, statt sie zu fragmentieren. Wenn wir aus

der Perspektive der Systemtheorie schauen, erkennen wir diese gemeinsamen Eigenschaften und Organisationsprinzipien besser. Die Ähnlichkeiten zwischen Phänomenen auf unterschiedlicher Ebene, das einzelne Kind, sein Lernraum, sein pädagogisches Umfeld, die Gemeinde, die umgebenden Ökosysteme bilden diese Ganzheit ab. Wenn Bildung nachhaltig sein soll, muss sie auf dieser systemischen Sichtweise beruhen. Insofern ist Ecoliteracy die Basis für eine erfolgreiche Schulreform.

Inwieweit sind aus Deiner Sicht die emotionale und die dialogische Intelligenz entscheidende Qualitäten?
Neben dem tradierten Wissen sind die emotionale Intelligenz, die Förderung von künstlerischer Kreativität und die Ecoliteracy die vier wesentlichen Felder der Bildung, die auf der Basis der dialogischen Intelligenz entfaltet werden. Unabhängig von einem spezifischen Fächerkanon. Denn wenn Schüler nicht lernen können, ihre persönlichen Krisen in Lernchancen zu verwandeln, wie sollen sie dann erfolgreich ihre Persönlichkeit entwickeln, ihre eigene Zukunft gestalten und in der Lage sein, erfolgreich in einer Gemeinschaft zu arbeiten?

Was aber haben Märchen mit der Entwicklung und Entfaltung dieser Qualitäten zu tun?
Wir müssen bereits im frühen Stadium Kinder mit dem Systemdenken vertraut machen. Die Komplexität des Denkens muss in das Langzeitgedächtnis übergehen. Ein erfolgreiches Beispiel für diese Denkform stellt der emotionale Reichtum der Märchen dar. Komplexität ist nicht gleichzusetzen mit Schwerverständlichkeit. Es ist der Reichtum an Möglichkeiten, den die Märchen bieten, verbunden mit Spaß, Furcht

und Überraschung für jedes Alter. Diese Geschichten können so geschrieben werden, dass sie zu neuen Fragen führen und nicht fertige Antworten liefern. Es ist bemerkenswert, aber historisch wohl verständlich, dass unser Bildungssystem auf die „richtige Antwort“ fixiert ist. Heute aber ist es angesichts einer komplexen Zukunft notwendig, permanent zu neuen intelligenten Fragen zu kommen. In der traditionellen Grundschule wird die Frage gestellt, „Warum fällt der Apfel vom Baum?“ Und die traditionelle erwartete, newton'sche Antwort lautet: „Wegen der Schwerkraft“. Warum wird nicht gefragt: „Wie kommt der Apfel eigentlich auf den Baum?“ Das würde zu einer Serie interessanter neuer Fragen führen. Das Konzept der Gravitation ist lineares Denken. Doch der andere Ansatz führt zum systemischen Denken, ohne überhaupt mit diesem Begriff zu operieren.

Bei den Märchen und Geschichten, die wir entwickelt haben, arbeiten wir auf der Grundlage der komplexen Phantasie. Denn Kinder sind voller Träume und Fragen. Eltern merken manchmal, dass ihre Kinder die herrschende Sehweise nicht teilen. Sie fragen immer wieder, bis die Eltern entnervt aufgeben und sagen „basta“, oder, „weil es so ist“. Die armselige „Normalität“ der Erwachsenen, die naive Konstruktionen wie den unsäglichen Verbrennungsmotor akzeptieren, obwohl er die Menschheit vergiftet, nicht in das Natursystem passt und zum Klimawandel beiträgt, wird von Kindern leichter erkannt.

Ihre Nasen sind eher in der Höhe der Auspuffanlagen.

Kinder sehen häufig intuitiv völlig andere Wirklichkeiten oder Möglichkeiten, für die wir schon blind geworden sind vor lauter „Selbstverständlichkeiten“. Dieses neue Lernmodell erfordert auch eine neue Sicht vom Lehrenden. Statt „Geber von Wissen“ zu sein, hat er eher die Rolle eines Prozessbegleiters, Facilitators, „Lernenzyms“, oder „Katalysators“ – das, was auch mit „Mentor“ bezeichnet wird. Mentoren können bei der Überwindung von Lernbarrieren hilfreich sein oder Entwicklungsfragen stellen. Der Lernende muss wissen, dass der Lehrende nur dann eine wichtige Rolle spielt, wenn er ihn wirklich für einen Lernschritt braucht. Das führt beim Lernenden zu einer realistischeren Selbsteinschätzung über sein tatsächliches Wissen und Können. Und fördert damit das Selbstvertrauen und eigenständiges Handeln. Der Lehrende spielt weiter eine wichtige Rolle im Leben des Lernenden, aber die Beziehung wandelt sich vom Konsumenten zum Lernpartner. Auch das ist ein Weg, komplexe Situationen, für die keiner von vornherein die Antwort weiß, auf einer angemessenen Ebene lösen zu können.

* * *

6.4 *Kinder sind von Natur aus kompetent* Ein Gespräch mit Jesper Juul

Jesper Juul, geboren 1948 in Dänemark, schloss zunächst sein Lehrerstudium ab und arbeitete eine zeitlang als Heimerzieher, bevor er sich in Holland und den USA bei Walter Kempler zum Familientherapeuten weiterbildete. Kempler gehörte zu den Mitarbeitern von Fritz Perls, dem Begründer der Gestalttherapie, die diesen Ansatz in den 1970er Jahren nach Europa brachten und weiterentwickelten. 1979 gründete Juul mit Kempler zusammen *The Kempler Institute of Scandinavia*. An diesem Institut wird für Interessenten, die beruflich mit Familien arbeiten, eine dreijährige Ausbildung in Familientherapie und -beratung angeboten. Nach der Rückkehr Kemplers in die USA leitete Juul das Institut. Seit 1991 arbeitete Juul in Flüchtlingslagern auf dem Balkan und war in Kroatien und Bosnien Ausbilder für Familientherapie;

er war außerdem Gastprofessor für Psychologie an der Universität Zagreb. Er starb im Jahr 2019.

„Ein gleichwürdiger Dialog ist nötig"

Hartkemeyer: *Warum hat aus Ihrer Sicht unsere heutige Generation die Chance, die Beziehungen zwischen Erwachsenen und Kindern besser zu gestalten?*
Juul: Ich glaube es liegt daran, dass wir historisch zum ersten Mal in der Lage sind, konkret umsetzbare Möglichkeiten zu sehen und zu entwickeln. Qualitativ neue Beziehungen auf der Basis von „Gleichwürdigkeit" zwischen Erwachsenen und Kindern, aber auch zwischen Männern und Frauen setzen eine neue Sicht, einen wirklichen Dialog voraus. Dieses Möglichkeitsfeld wurde in der Geschichte der Menschheit bislang kaum gesehen, und sowohl wir selbst, aber auch unsere Kinder und Enkelkinder sind dabei, dieses Neuland zu betreten.

Glauben Sie, dass wir damit auch das, was wir unter „Erziehung" verstehen, neu denken müssen?
Ja. Wir machen einen entscheidenden Fehler, wenn wir nicht davon ausgehen, dass Kinder von Geburt an richtige Menschen sind. Leider sind wir gewohnt, Kinder als eine Art „asoziale Halbmenschen" anzusehen, die zunächst einmal durch massive Einwirkung und Manipulation von Erwachsenen zu „richtigen Menschen" erzogen werden müssen.

Wenn es so ist, dass die Art und Weise, in der wir mit unseren Kindern umgehen, für die Zukunft unserer Welt ausschlaggebend sein wird, wie muss dann die Basis einer zukunftsfähigen Erziehung aussehen?

Heutzutage sind immer mehr Menschen bereit, die Unantastbarkeit des einzelnen Menschen und sein Recht auf persönliches Wachstum von einem undogmatischen und nichtautoritären Ausgangspunkt aus zu sehen. Zum ersten Mal beginnen wir zu glauben, dass die existenzielle Freiheit des Einzelnen nicht eine Bedrohung der Gemeinschaft darstellt. Aus meiner Sicht ist sie die beste Basis für eine gesunde und kreative Zukunft der Gesellschaft.

Sie sagen, Kinder seien von Natur aus kompetent. Was heißt das konkret für den Umgang mit Kindern?
Kinder sind in der Lage, uns Rückmeldungen zu geben, die es uns ermöglichen können, unsere eigene verlorengegangene Kompetenz wiederzugewinnen, und das kann uns helfen, unsere unfruchtbaren Handlungsmuster abzulegen. Das erfordert mehr, als nur den Dialog zwischen Kindern und Erwachsenen zu demokratisieren. Es beinhaltet, dass wir eine Form des Dialogs entwickeln müssen, die vielen Erwachsenen nicht gelingt: den gleichwürdigen, persönlichen Dialog. Dialog bedeutet, eine existenzielle Wahl zu treffen. Ist etwas gut für die Beziehung, ist es gut für beide Seiten. Mir geht es um die Entwicklung von „Beziehungskompetenz" für Profis. Im Dänischen haben wir für Dialog den Begriff „Samtale", das bedeutet soviel wie „zusammen sein" und „offen miteinander reden". Er erfordert die Gleichwürdigkeit.

Ist dieser Dialog eine neue „Methode" im Umgang mit Kindern?
Bis in die 1970er Jahre haben wir auch in Skandinavien wie selbstverständlich über Erziehungsmethoden gesprochen. Ich halte heute jede Art von Methode nicht nur für überflüssig, sondern sogar für schädlich. Methoden würdigen Kinder zum Objekt herab.

Lehnen Sie jede Art von systematischem Herangehen an Erziehungsprobleme ab? Nehmen Sie zum Beispiel das Trotzalter!
Der Begriff „Trotzalter“ ist eine typische Beschreibung derjenigen, die Macht haben, für „schwierige“ Untergebene. Dass kleine Kinder immer selbstständiger werden, ist ein notwendiger Teil ihrer Entwicklung, und nur ein totalitäres System kann daran interessiert sein, diese kontinuierliche Entwicklung einer einzigartigen, sich entfaltenden Persönlichkeit zum Problem zu machen.

Oder die Pubertät?
Dass diese Entwicklung an sich Ursache für interpersonelle Konflikte mit Erwachsenen sein soll, ist schlicht Unsinn. Die Art der Konflikte und deren Heftigkeit hängen unter anderem von der Fähigkeit der Erwachsenen ab, ihre veränderte Rolle ins Auge zu fassen, und dann davon, wie es ihnen gelungen ist, die Integrität der Kinder während der ersten drei bis vier Lebensjahre zu unterstützen.

Aber das Thema „Grenzen setzen“ ist nach wie vor zentral?
Grundsätzlich ist es sinnvoll, dass sowohl Erwachsene wie Kinder sich selbst Grenzen setzen. Anderen Grenzen zu setzen ist hingegen in erster Linie ein Ausdruck von Macht. Sobald die Erwachsenen begonnen hatten, über Kindererziehung öffentlich zu diskutieren, stand die Frage nach den Grenzen auf der Tagesordnung. Wir glauben mitunter, es sei etwas Neues, dass Eltern es so schwer haben, Grenzen zu setzen. Aber das ist immer so gewesen. Eltern haben immer Experten um Rat gefragt, wie sie die Kinder dazu bekommen können, „zu gehorchen“ oder „zu folgen“, wie es heißt. Solange die Machtstruktur das Ideal war, erhielten Eltern eine

Anweisung, die aus vier Elementen bestand: Einigkeit, Festigkeit, Konsequenz und Gerechtigkeit.

Bestreiten Sie denn, dass es sinnvoll ist, dass sich Eltern und Erzieher einig sein sollen hinsichtlich der Erziehung?
Für eine gesunde Entwicklung ist es überhaupt nicht wichtig, dass Eltern sich in der Kindererziehung einig sind. Prinzipiell brauchen sie sich nur in einer Sache einig zu sein, dass es nämlich in Ordnung ist, uneinig zu sein. Nur wenn sie ihre Verschiedenheit als verkehrt empfinden, werden die Kinder unsicher.

Das Setzen von Grenzen und Konsequenz in der Erziehung sollen nach konventioneller Ansicht verhindern, dass Kinder egozentrisch werden.
Wir haben tatsächlich in den letzten zehn bis 15 Jahren eine steigende Zahl von Familien, in denen sogar die nächsten Angehörigen von kleinen und größeren Kindern tyrannisiert werden, die offensichtlich vollkommen egozentrisch und unsozial sind. Das sind Kinder, die zu viel von dem bekommen, wozu sie „Lust" haben, und zu wenig von dem, was sie, existenziell gesehen, brauchten. Das Neue ist, dass als Folge größerer Liberalität Kindern gegenüber und aufgrund eines größeren ökonomischen Wohlstandes mehr Kinder zu viel von dem bekommen, wozu sie Lust haben. Dieses Phänomen wird in einigen der ehemals sozialistischen Länder besonders deutlich, wo eine relativ kleine Gruppe von Menschen plötzlich ökonomischen Reichtum erlebt, den sie natürlich auch mit ihren Kindern teilen will – oft in Form von Sachen, die ganz ausgeprägt sozialen Status demonstrieren.

Weder übergroße Liberalität noch autoritäre Strukturen sind nach Ihrer Meinung in der Lage, eine neue Qualität in der Erziehung zu entwickeln. Was ist der Kern Ihrer Position?
Zu meinem Paradigma gehört, dass das Verhalten der Kinder, sei es harmonisch oder disharmonisch, genauso wichtig ist für die menschliche Entwicklung und Gesundheit der Eltern, wie das Verhalten der Eltern wichtig ist für die Entwicklung der Kinder. Die Interaktion zwischen Erwachsenen und Kindern ist ein gegenseitiger Lernprozess, wobei der Grad der gleichen Würde direkt proportional zu dem Gewinn beider Partner ist.

Haben Sie ein Beispiel? Wie kann ich dafür die Verantwortung übernehmen, wenn ich ein Kind ungerecht behandelt habe?
„Es tut mir leid, dass ich Dich ungerecht behandelt habe. Als ich es tat, glaubte ich, dass es Deine Schuld war. Das war es aber nicht. Es war meine Schuld, und ich möchte mich gern dafür entschuldigen."

Sie sprechen von Gewalt gegen Kinder. Die körperliche Züchtigung ist doch zumindest in weiten Kreisen stark zurückgegangen.
Für mich sind moderne Formen von Gewalt auch Versprechen und Bestechung. Nicht nur die Ohrfeige, wenn das Kind den Nachtisch nicht isst. Es ist das gleiche System. Es geht um Macht und Kontrolle. Das verhindert die Entwicklung von Selbstgefühl und kann zu folgender Reaktion führen: Entweder sie hassen ihre Eltern, oder sie werden abhängig von ihren Eltern, das ist eine Form der Neurose. Der beste Schlüssel, um jemanden zu verändern, ist – es nicht zu versuchen.

Sollen die Kinder schon früh Verantwortung für sich übernehmen?
Natürlich. Soweit es geht. Nur ich allein kann mich kennen. Jeder wird allein geboren und wird letztlich allein sterben. Verantwortung ist die Basis jeder gesunden Beziehung. Denn wenn ich nicht für mich verantwortlich bin, müssen es ja die anderen sein. Überall in der Wirtschaft, wo in Teams praktiziert wird, ist der Schlüssel dazu die eigene Verantwortlichkeit der Beteiligten.

Immer wieder ereignen sich Gewaltexplosionen, die scheinbar nicht vorhersehbar waren?
Die Medien und die Politik reagieren so, als wenn die Gewalt das Problem wäre, das zu lösen sei. Sie ist das Symptom. Aber es ist leichter, über Symptome zu sprechen. Das Problem scheint mir zu sein, dass eine Verwechslung zwischen dem Aufbau von Selbstgefühl und von Selbstbewusstsein stattfindet. Wenn die „Performance“ der Kinder gut ist, pumpen wir Komplimente in sie hinein. In „normalen“ Mittelklassefamilien entstanden, so ein Forschungsteam in Boston, große aufgeblasene Egos. Es braucht wenig, und sie zerplatzen bereits beim Verlust der Freundin oder nach einem verlorenen Basketballspiel. Selbstbewusstsein und Selbstgefühl sind zwei verschiedene Muster. Kinder haben bei unehrlichem Lob das Gefühl, dass sie getäuscht worden sind. Ein Patient sagte mir einmal, das Problem sei, dass seine Eltern immer wieder gesagt haben, wie toll er sei – aber ohne jede Substanz.

Brauchen Kinder nicht Bestätigung und Anerkennung?
Ja. Kinder brauchen bedingungslose Liebe. Und sie sind für die Eltern am wertvollsten, wenn sie schwierig sind. Auch dann sollten wir sie bestätigen. Denn sie finden sich dann ja

selbst auch schwierig. Aber Eltern sollten – im Gegensatz zu den Lehrern – vorsichtig mit Lob sein. Auch sollten Eltern nicht vorschnell einspringen und helfen. Dann fühlen sich zwar die Eltern gut, aber die Kinder schlechter. Gut ist immer ein ehrliches, direktes, von Herzen kommendes Feedback.

Gleichwürdigkeit von Eltern und Kindern

Jesper Juul beschreibt also den Dialog als Weg, Beziehungskompetenz bei Kindern und Erwachsenen zu entwickeln. Die Beziehungsqualität, die sich aus einer dialogischen Haltung ergibt, ist für Juul die Basis einer gesunden Erziehung. Sie beruht, zusammengefasst, auf der Anerkennung der Gleichwürdigkeit von Eltern und Kindern und verzichtet auf erhobene Zeigefinger und abstrakte Grenzziehungen. Vielmehr geht es darum, die positiven Potenziale – und seien sie auch noch so verschüttet – zu stärken. Wird eine solche „positive" Bestätigung der Kinder von einer wertschätzenden Grund haltung getragen, vermeidet sie die Falle, „aufgeblasene Egos" hervorzubringen, die etwa bei Enttäuschungen ihre Zuflucht sofort in Aggression und Gewalt suchen. Vielmehr ist die Chance gegeben, dass diese ehrliche, persönliche Wertschätzung die Basis für ein gesund entwickeltes Selbstgefühl der Heranwachsenden bilden wird. Die Anerkennung der existenziellen Freiheit, von der Juul spricht, führt dann nicht zu Ängsten, sondern zu mehr Offenheit. Auch dadurch, dass es nicht als Problem angesehen wird, wenn Eltern unterschiedliche Vorstellungen von Erziehung haben. Solange der Aushandlungsprozess darüber, wie Entscheidungen getroffen werden, offen und fair gestaltet wird – also von den Beteiligten nicht taktisch eingesetzt wird –, kann er als dialogorientierter Entwicklungsprozess dazu führen, dass Eltern und

Kinder gemeinsam über sich, ihre Beziehung und ihre Bedürfnisse etwas erfahren. Der Dialog erfordert keine gleichrangige Position. Aber er braucht, wie Gadamer und auch Habermas betonen, „Reziprozität" und „Symmetrie" – in den Worten von Juul: „gleiche Würde". Ein solches Erziehungskonzept lässt sich nicht in einer Art „Methodentraining" vermitteln. Auch Freunden und Partnern würden wir wohl kaum mit Methoden begegnen wollen: „Stellen Sie sich einen Erwachsenen vor, der sagt: ‚Ich bin verliebt in eine große, dunkelhaarige Frau aus Portugal, aber ich habe viele Probleme mit ihr. Können Sie mir nicht eine Methode an die Hand geben, wie ich weniger anstrengend mit ihr zusammenleben kann?'" Natürlich käme uns eine solche Frage lächerlich vor – und auch für die Erziehung von Kindern gibt es keine Methoden und Verhaltensregeln, die uns von allen Sorgen und „anstrengenden" Überlegungen entlasten. Es widerspricht einer dialogischen Haltung „gleicher Würde", Kinder zu Objekten einer Methode herabzusetzen; eine solche Haltung erfordert es vielmehr, sie als gleichwertige Menschen zu behandeln.

Der Dialog ist nicht als Methode zu betrachten, deren Einsatz rasch zu dem gewünschten Erfolg führt. In einem dialogisch orientierten Erziehungskonzept geht es in erster Linie darum, dass wir uns – nicht nur angesichts eines akuten Problems – unsere Haltung immer wieder bewusstmachen. Es erleichtert unsere Aufgabe, wenn wir in der Lage sind, sie in Frage zu stellen, und wir uns zutrauen, auszuprobieren, ob eine andere innere Einstellung das Problem in einem neuen Licht erscheinen lässt.

Wir ärgern uns beispielsweise über eine unordentlich hinterlassene Küche, von der unser Sohn aber behauptet, er habe sie gerade aufgeräumt. Im Sinne eines dialogischen Vorgehens könnten wir diese Situation zum Anlass nehmen, gemeinsam unser Beider Einstellungen zur Ordnung anzuschauen und zu überprüfen. Zumindest für den Augenblick würden wir dann nicht mit Schuldzuweisungen reagieren. Ein dialogischer Umgang mit Kindern und Jugendlichen bedeutet keineswegs, die Verantwortung zu leugnen, die den Erwachsenen zufällt.

Es geht keinesfalls darum, Verantwortung auf Kinder und Jugendliche abzuschieben, wo Eltern verantwortlich sind und bleiben. Dem „dialogischen Blick" auf die Erziehung geht es vielmehr darum, das Bewusstsein für das eigene Verhalten zu schärfen – eine andere Wahrnehmung für die Kinder und sich selbst zu entwickeln. Nicht zuletzt geht es darum, die Freude am Zusammenleben mit Kindern zu stärken. Eine achtsame Auseinandersetzung mit den Kindern kann eine Chance zur Klärung des eigenen Standpunktes sein und ein Beitrag zur eigenen Entwicklung sowie ein Schritt zu liebevollem Miteinander. Die Unsicherheiten, die dabei auftreten, können auch einfach als Zeichen von Lebendigkeit verstanden werden.

Wenn Eltern ihre Kinder als eigenständige Wesen ernstnehmen, so setzt dieses „Ernstnehmen" des Kindes zunächst ein „Ernstnehmen" der elterlichen Bedürfnisse voraus. Dies bedeutet, sich selbst und das Kind ernstzunehmen. Diesen „radikalen Respekt" voreinander, den wir als eine der zehn dialogischen Kernfähigkeiten beschrieben haben bezeichnet Juul als Gleichwürdigkeit. Respektvollen Umgang, gleiche Würde kann es auch zwischen Menschen geben, die von ihrer Lebenssituation her nicht gleichrangig sind. Eltern gestalten die Atmosphäre der Beziehung, Kinder reagieren darauf, entsprechend ihren altersgemäßen Möglichkeiten. Auch Eltern sind in dieser Beziehung Lernende! Kinder bringen alle notwendigen Voraussetzungen für ihre Entwicklung mit. Für ihr menschliches und soziales Wachstum brauchen sie allerdings Menschen, die sie annehmen und akzeptieren und ihnen Liebe und Verständnis entgegenbringen. Kinder wollen und brauchen keine „perfekten" Eltern. Sie brauchen Eltern, die sich und ihnen erlauben, Fehler zu machen, und die eigenen Bedürfnisse genauso ernstnehmen wie die der Kinder. So wird ein gemeinsamer Entwicklungsprozess möglich. Das Gefühl des Kindes für seine eigenen Möglichkeiten, Fähigkeiten und Grenzen entwickelt sich umso eher, je mehr es Gelegenheit erhält, sich praktisch übend damit auseinanderzusetzen. Das schließt ein, auch negative Konsequenzen zu erleben, sie auszuhalten und für die Folgen einzustehen. Eine dialogische Erziehung möchte Räume zur Entwicklung schaffen, in denen (Selbst-) Erkenntnis entstehen kann. Beispielsweise ist es etwas völlig anderes, Dankbarkeit zu erfahren, als dazu aufgefordert zu werden. Mahnungen wie „Du könntest mir wirklich dankbar sein!" oder „Sei doch mal kreativer!" ersticken im Kind das gerade Geforderte bereits vor seiner Entstehung.

Wir wurden als Kinder von unseren Eltern noch dazu angehalten, uns als Mädchen mit „Knicks" und als Jungen mit „Diener", einer tiefen Verbeugung, zu bedanken. – In der Situation, in der ich mein Kind ebenfalls zum Danken auffordern möchte, kann ich diesen Impuls zur Aufforderung in der Schwebe halten, ihn wie in einem Spiegel betrachten. Möglicherweise wird mir durch diese Verzögerung bewusst, wenn ich lediglich eine Verhaltensweise meiner eigenen Eltern reproduziere, die ich früher immer als lästige Mahnung empfand. Als dialogisch Erziehende versuchen wir, uns aus dieser elterlichen Fessel zu befreien und bei den Äußerungen unseres Kindes näher hinzuschauen. Unserem Kind ermöglichen wir so, andere, eigene Äußerungen zu entwickeln – statt bloß eine „gesagte Dankbarkeit" – und darin kreativ zu sein. Was bedeuten kann, andere ebenfalls zu beschenken, eine „gute Tat" zu tun, oder auch nur, gute Laune zu zeigen. Wenn Kinder sich angenommen und „gehört" fühlen, werden sie auch anderen zuhören.

6.5 *Lernen im flow* Ein Gespräch mit Michael Mendizza

Michael Mendizza ist Bildungsforscher, Filmemacher und Gründer des weltweiten Netzwerkes *Touch the Future*. Das Projekt mit Sitz in Kalifornien befasst sich mit der Entwicklung von neuen Lernmodellen, welche „die Intelligenz des spielerischen Lernens" als Grundlage haben. Mendizza hat einen Film über die pädagogischen Ideen des indischen Weisheitslehrers Jiddu Krishnamurti gedreht und das Dialogkonzept von David Bohm hat ihn begeistert. Mendizza untersuchte zwei Extreme: Er hat zum einen bei einer Reihe von Spitzensportlern die geistigen Grundlagen von Höchstleistungen erforscht und hat zum anderen mit Vergewaltigungstätern Interviews über die mentalen Hintergründe ihrer Verbrechen geführt.

„Die Intelligenz des Spiels nutzen"

Hartkemeyer: *Michael Mendizza, Sie suchen nach Möglichkeiten, eine neue Vorstellung vom Lernen zu gewinnen, um dadurch das Erziehungswesen und die Weiterbildung grundlegend zu verändern. Was ist Ihre zentrale Botschaft?*
Mendizza: Wir wissen alle, dass Einsichten das Leben verändern können. Einsichten sind unmittelbare Erfahrungen von Verbundenheit mit einer grundlegenden Form von Intelligenz. Das Problem ist: Je mehr wir „wissen", desto schwieriger wird es, neuen Erfahrungen gegenüber wirklich offen zu sein. Das führt dann dazu, dass wir in jedem Moment in der Gefahr sind, verändernde Einsichten durch Konditionierungen und Bewertungen „einzuordnen" oder sie gar abzuwehren.

Lernen besteht doch nach unseren offiziellen Lehrplänen darin, generalisieren zu können, Theorien und Abstraktionen zu entwickeln.

Genau darin besteht auch, wenn wir tiefer über das Lernen nachdenken wollen, eine große Gefahr. Die meisten Lernforscher sind der Ansicht, dass wir nur etwa fünf Prozent unserer potenziellen Intelligenz nutzen. Und wir sind uns auch einig, dass wir aufgrund der weltweiten Herausforderungen – zum Beispiel die ökologische Krise – unser konkretes Verhalten ändern müssen. Lernen ist um seiner selbst willen da. Es hat zunächst nichts mit Ergebnissen zu tun und auch nichts mit „Wissen". Es ist ein Zustand absoluter Neugier, um zu sehen: „was passiert jetzt", ohne etwas gleich zu bewerten. Es ist eine völlige Offenheit, wo alles möglich ist, ohne Angst vor Bewertung oder vor Fehlern. Wir erleben diesen Zustand manchmal bei Kindern, die völlig im Spiel versunken sind. Dieser Zustand ändert sich sofort, wenn sie sich beobachtet fühlen oder meinen, etwas vorführen zu müssen. Bereits hier beginnt das Übel unseres Systems. Eltern meinen, den Kindern zeigen zu müssen, wie es „richtig" geht. Und in unserem konventionellen Verständnis von Schule, Training und Konditionierung wird die Tür zu diesem unmittelbaren Zustand des Spielerischen mit den besten „Intentionen" durch unsere „Erwachsenen-Kultur" verschlossen.

Wie kommen wir aber an diese ungenutzten Potenziale? Welche Erfahrungen haben Sie gemacht, um anders an das Thema „Lernen" heranzugehen?

Dies sind für mich im Wesentlichen drei Erfahrungsbereiche: Erstens sind es die Gespräche mit dem indischen Lehrer Krishnamurti, die vor zwanzig Jahren begannen, sowie der Austausch mit David Bohm. Nach den Ideen dieser beiden haben wir im Prinzip ein unendliches Potenzial, das wir uns erschließen können. Beide gehen davon aus, dass eine universelle Intelligenz existiert, die bereits da ist, bevor wir bewusst denken. Sie drückt sich beispielsweise in unserem Körper, in jeder einzelnen Zelle aus. Allein unseren Körper zu erschließen, diese bereits vorhandenen Potenziale zu nutzen, mit ihnen „intelligent" umzugehen, ist ein unendliches Feld.

Diese Ideen haben mich zweitens dazu gebracht, ein Filmprojekt zu realisieren, um herauszufinden, wie absolute Spitzensportler zu ihren Höchstleistungen kommen. Warum gibt es bei gleichen Voraussetzungen und gleichem Training so große Leistungsunterschiede? Es liegt nicht am Talent. Und übereinstimmend war Folgendes: Ein wirklich guter Spieler spielt, weil es Spaß macht. Denn es kostet ja zum Beispiel kaum Energie, den Golfball zu schlagen. In dem Moment aber, wo ich daran denke, wie gut ich sein muss oder wie ich mich einem Beobachter gegenüber darstelle, bricht dieses spezifische Aufmerksamkeitsfeld zusammen. Ich kann zwar auch mit viel Übung und Druck ein guter Spieler werden – aber Spitzenleistungen werden nur im Zustand des absoluten „Flow" erreicht. Übereinstimmend ist auch, dass diese Spitzensportler Eltern hatten, die sie weder zu Übungen zwangen noch als Erstes nach einem Spiel fragten: „Wie viele Tore hast du denn heute geschossen?" Sie interessierten sich dafür, ob es Spaß gemacht hat, aber nicht unter dem Leistungsaspekt, und genau das führte paradoxerweise zu Spitzenleistungen. Deshalb finde ich es ja so Besorgnis erregend, dass mehrere hundert Millionen Eltern weltweit ihre Kinder mit „Angstprogrammen" traktieren. Auch die „Vorbildfunktion" der Medien ist fatal: „Wenn du viel Geld verdienen willst, musst du werden wie XY, dann kommst du ins Fernsehen." Das Spielerische wird dabei zerstört.

Drittens habe ich mich in einem weiteren Projekt damit auseinandergesetzt, wie scheinbar ganz normale Menschen zu Gewalttätern werden. Etwa fünfzig Interviews habe ich mit Vergewaltigungstätern geführt. Ein Ergebnis ist, dass diesen Menschen bereits in der frühen Kindheit das grundlegende Urvertrauen nicht ermöglicht wurde. Das Gefühl unbedingter Zuwendung kannten sie nicht. Eine erhebliche Menge an Energie mussten sie deshalb investieren, um ihr Ego zu schützen, sich selbst abzukapseln und um Aufmerksamkeit zu kämpfen.

Sie sprechen von paradoxen Ergebnissen: dass beispielsweise gezielte Leistungsanforderungen Spitzenleistungen verhindern können oder dass Training und Übungen Neugierverhalten reduzieren. In unserer Gesellschaft geht es aber um Leistung und Wettbewerb; macht unser Bildungssystem das Gegenteil von dem, was es tun müsste, um wirklich zu Leistungen zu verhelfen?

Um das zu beantworten, müssen wir sehr genau hinsehen: Was meinen wir zum Beispiel, wenn wir „Kindheit" sagen? Dies scheint mehr ein geschlossener Interpretationsraum von begrenzenden Vorstellungen, begrenzt durch Curricula, Schulräume und Programme, also ein System von Begrenzungen, von angepasstem Verhalten zu sein. Wenn ich allerdings ein Verständnis von Intelligenz habe, das unbegrenzt ist, habe ich eine andere Sichtweise. Wir leben in einer Kultur, die von sich glaubt, sie sei leistungsbezogen. Untergründig wollen wir aber Kinder, die so wie wir sind. Damit begrenzen wir instinktiv die Lernmöglichkeiten der Kinder mit „bester" Absicht. In unserem Projekt *Touch the Future* haben wir untersucht, wie sich diese Sichtweise bezogen auf „Kindheit" vor allem seit dem Zweiten Weltkrieg herausgebildet hat. Sie wird bestimmt von „Vergleich", „Differenzierung", „Unterschied", „Test", „Prüfung", „Zertifikat" und „Zugangsberechtigung". Dies wird verstärkt durch andere Formen der subtilen Vergleiche, die unsere Kultur bereits untergründig vermittelt. Wer ist der Beste in der Klasse? Wer ist der oder die Größte, Attraktivste, Schnellste? Was auch immer Sie wollen, es wird gemessen, und was das Problem dabei ist: Dadurch wird ständig ein Gefühl von Angst, Unsicherheit, Bewertung, Fehlerhaftigkeit entwickelt, vor dem man sich schützen muss. Und je größer das Risiko ist, etwas falsch zu machen oder lächerlich gemacht zu werden, desto größer ist die Energie, die wir in unsere Selbstschutzmechanismen stecken müssen, um unser „Ego" zu stärken. Genau diese Mechanismen halten aber vom offenen Lernen ab, können zu Gewalt führen, aber sicher nicht zu einer wirklich demokratischen lernenden Gesellschaft.

Was genau hält von Spitzenleistungen ab?

Im „Flow"-Stadium einer Spitzenleistung verschwindet das „Ego", weil der gesamte Körper und Geist eins ist mit der Aufgabe. Unser „Ego" kommt jedoch immer dann zum Vorschein, wenn wir in eine Verteidigungshaltung rutschen oder bewertet werden. Es scheint ganz natürlich zu sein, dass umso lauter geschrien wird und umso deutlicher Egos und Dominanzstrukturen aufeinanderprallen, je unsicherer ein Argument ist. Die entscheidende Frage lautet: Wie können wir Bildungsprozesse so gestalten, dass der Ego-Reflex im Prozess des Lernens vermieden wird? Wir nennen unser Modell „die Intelligenz des Spiels". Unser Ziel ist es, diese permanente Konditionierung durch unsere Kultur des Konsums und der Konkurrenz zu überspringen, um das verborgene Potenzial zu entwickeln. Auch der Wettbewerb hat dann einen anderen

Charakter. Der Mitspieler wird dann nicht zur Ursache von Angst, sondern ein Freund, der mir den notwendigen Widerstand bietet, um sich weiterzuentwickeln. Denn allein ist man selten in der Lage, sich voll zu realisieren.

* * *

Für Michael Mendizza beruhen qualitative Veränderungen auf dem Erlebnis des Flow-Zustands, in dem Spitzenleistungen möglich sind. Er gleicht einer Art Tanz. Dieser Zustand kann auch im Dialogprozess erreicht werden, wenn das Stadium des Vergleichens, Bewertens, Bemühens überwunden ist. Im Flow-Zustand tritt das Ego zurück. Das in unserer Gesellschaft des „Scheinenwollens" gezüchtete Ego verhindert nach Mendizza nicht nur echte Spitzenleistungen, sondern kann auch als „zerplatzendes Ego" Ursache für Gewaltausbrüche werden (siehe auch das Gespräch mit Jesper Juul, Kapitel 6.4). Im Dialog wird so Offenheit verhindert und die Chance genommen, den „Fluss von Bedeutung" (Bohm) wirklich erleben zu können.

Die Frage, wie wir uns dieser Absichtslosigkeit, diesem „Nichts-erreichenwollen", nähern können, ist nicht leicht zu beantworten. Die Frage nach Ziel, Methode, Zweck ist unserem leistungsorientierten und fragmentierten Bewusstsein sehr viel näher. Wir haben es mit einer grundlegenden Frage unserer Kultur und mit einem permanenten Missverständnis zu tun. Diese Spannung auszuhalten, dies zu erkunden, darin liegt eines der Erfolgsgeheimnisse des Dialogs. Im Chinesischen gibt es den Begriff des wu-wei, des „Nichttuns", welches nicht selten bezeichnenderweise (falsch) mit „nichts tun" übersetzt wird. Gemeint aber ist „im Fluss – (mit der Energie) bleiben" und nicht krampfhaft etwas erreichen wollen. Der

Sozialpsychologe Erich Fromm charakterisiert diese Gesprächshaltung als eine solche, die sich am „Sein" orientiert. Die „Absichtslosigkeit" solcher Gespräche hat die größte Chance, wirklich Neues in die Welt zu bringen. Diese Form entspricht dem dialogischen Prozess, in dem ein Flow-Gefühl, ein Tanz, entstehen kann (siehe auch das Gespräch mit Hans-Peter Dürr, Kapitel 8.1).

„Im Gegensatz zur Haltung des „Haben-Menschen" steht die Haltung des Menschen, der nichts vorbereitet und sich nicht aufplustert, sondern spontan und produktiv reagiert. Ein solcher Mensch vergisst sich selbst, sein Wissen, seine Position; sein Ich steht ihm nicht im Wege; und aus genau diesem Grund kann er sich voll auf den anderen und dessen Ideen einstellen. Er gebiert neue Ideen, weil er nichts festzuhalten trachtet. Während sich der „Habenmensch" auf das verlässt, was er hat, vertraut der „Seinsmensch" auf die Tatsache, dass er ist, dass er lebendig ist und dass etwas Neues entstehen wird, wenn er nur den Mut hat, loszulassen und zu antworten. Er wirkt im Gespräch lebendig, weil er sich selbst nicht durch ängstliches Pochen auf das, was er hat, erstickt. Seine Lebendigkeit ist ansteckend, und der andere kann dadurch häufig seine Egozentrik überwinden. Die Unterhaltung hört auf, ein Austausch von Waren (Informationen, Wissen, Status) zu sein und wird zu einem Dialog, bei dem es keine Rolle mehr spielt, wer Recht hat. Die Duellanten beginnen, miteinander zu tanzen, und sie trennen sich nicht im Gefühl des Triumphs oder im Gefühl der Niederlage, was beides gleich fruchtlos ist, sondern voll Freude." Erich Fromm, *Haben oder Sein.*

Nähe und Distanz im Dialog

Der Psychotherapeutin Jean Liedloff verdanken wir die Tatsache, dass heute viele Eltern ihre Kleinkinder in Tragetüchern mitnehmen.

In ihrem Buch Auf der Suche nach dem verlorenen Glück *beschreibt sie, wie die Mütter des in der Amazonasregion lebenden Yequana-Stammes ihre Säuglinge über ein Jahr lang Tag und Nacht in Tüchern unmittelbar am Körper tragen. Damit zeigen sie eine große Nähe zu ihrem Nachwuchs. Andererseits kennt diese Kultur aber auch die Bedeutung von Distanz. Gehen Männer zur Jagd und kommen sie erst nach einigen Tagen zurück, dann setzten sie sich zunächst still auf dem Dorfplatz zusammen. Die Stammesmitglieder gehen schweigend um sie herum, ohne sie zu stören. Erst nach Stunden kommen Sie vorsichtig miteinander ins Gespräch, um ihre Erfahrungen mitzuteilen.*

(Nach Karl-Herbert Mandel)

6.6 *Der Sinn der Bildung ist die Bildung der Sinne*
Ein Gespräch mit Otto Schärli

Otto Schärli war Architekt und langjähriger Präsident der Aufsichtsratskommission der Schule für Gestaltung in Luzern. Sein Arbeitsschwerpunkt lag im Bau von Kirchen, Klosteranlagen und Schulen. Er arbeitete zusammen mit Jean Gebser und Hugo Kükelhaus und leitete den Arbeitskreis Organismus und Technik.

„Wir müssen unsere Vorurteile opfern"

Hartkemeyer: *Otto, in der aktuellen Diskussion um die Reform des Bildungswesens geht es vorrangig um Schlüsselkompetenzen und den Umgang mit elektronischen Medien. Als Architekt, der in der Tradition einer organischen Architektur steht wie Kükelhaus, Hundertwasser, oder Gaudi, hast Du einen anderen Ansatz?*

Schärli: Es geht mir darum nachzuweisen und einsichtig zu machen, dass die Sinne an allen Lebens- und Denkprozessen entscheidend beteiligt sind und für unsere Bewährung im Hier und Jetzt eine sensible Wahrnehmung, lebendige, intelligente Reaktionsfähigkeit und wache Intensität notwendig sind. Doch wie entwickeln wir diese Fähigkeit bei uns selbst und bei Kindern und Jugendlichen? Meiner Meinung nach durch die konkrete sinnliche Erfahrung und die praktische Schulung. Die Wissenschaften bestimmen weitgehend unser Weltbild und heute ist die Biologie die tonangebende Wissenschaft. Damit wird auch das öffentliche Interesse vom rein materiell-physikalischen auf die Vorgänge des Lebens gelenkt.

Das wird auch eine Chance für eine neue Orientierung der Pädagogik, das Wesen des Lebendigen anschaulich erfassen und begreifen zu können. Betrachten wir die Ur-Einheit des Lebendigen, die Zelle. Es ist das Wesen des Lebendigen, dass sich Einheiten gegen außen abgrenzen. Eine Haut grenzt ein Innen von einem Außen ab. Diese Einheit ist lebendig, wenn zwischen dem Innen und dem Außen ein steter Austausch stattfindet.

Abgrenzung als Chance für Kommunikation und Dialog?

Es geht um die Regulation von Beschränkungen. Und ein hervorragendes Beispiel ist die biologische Membran, denn bei ihr beginnen und bei ihr enden entscheidende Lebensprozesse. Ohne Membran zum Beispiel keine Energiegewinnung, ohne Membran keine selektive Stoffaufnahme und -abgabe. Ohne Membran kein Informationsaustausch zwischen Zellen in einem Gesamtorganismus und ohne Membran keine Signalweitergabe an den Informationsspeicher der Zelle, die DNA im Kern. Ohne Membran ein Chaos chemischer Reaktionen.

Und die Rolle der Sinnesorgane?
Was die Zellhaut für die Existenz und das Wachstum der Zelle, bedeuten die Haut und die Sinnesorgane für unser Leben und Gedeihen. Lebensqualität hängt von der Qualität unserer Sinnesorgane ab. Daher vorweggenommen die pädagogische Folgerung: *Der Sinn der Bildung ist die Bildung der Sinne.* Sinneswahrnehmungen werden meist sträflich vereinfachend als Informationsquellen verstanden. Wir müssen uns klarwerden, dass Sinnesfunktionen Lebensprozesse darstellen.

Wie findet dieser Dialog statt?
Unser Organismus ist nicht etwas Verfügbares, sondern etwas zu Erzeugendes, sagte Hugo Kükelhaus einmal. In unseren Sinnesfunktionen und den damit verbundenen Handlungen erzeugen wir in uns in jedem Augenblick selber. Leben besteht nicht, es wird – in permanenten Prozessen. Das Wesen unserer Existenz erfüllt sich im steten Austausch von Innen und Außen und dieser Austausch vollzieht sich durch unsere Sinne.

Was ist dieses Innen?
Ein Potenzial von unerhörten Möglichkeiten wird nur Wirklichkeit, wenn es im Außen Anklang und Resonanz findet. Der Mensch erlangt Gewissheit über sein inneres Wesen da-

durch, dass er das äußere Wesen als seinesgleichen, als gesetzlich anerkennt, sagte Goethe einmal.

Wie siehst Du diese Veränderungsprozesse konkret?
Nehmen wir das Beispiel des Sehens. Im Sehen vollzieht sich eine Zustandsänderung des Wahrnehmenden, hervorgerufen durch den wahrnehmenden Bezug auf den jeweiligen Gegenstand. Wenn ich beispielsweise ein einladend zubereitetes Gericht sehe, gerate ich sofort in einen veränderten Zustand: das Wasser läuft mir Munde zusammen und der Wunsch zu essen erwacht. Ein Lebensprozess wurde in Gang gesetzt.

Ein direkter physiologischer Bezug.
Dies erklärt sich dadurch, dass genetisch die primäre Sehbahn vom Auge zum Hirnstamm führt, wo die Drüsenfunktionen gesteuert werden. Sehen ist also primär ein drüsensteuernder Prozess.

Sehen ist immer auch ein Prozess der Erkenntnis. Erkennen als Mit-Eins-Werden.
Die Interpretation des französischen Wortes für Erkennen durch Paul Claudel lotet ebenfalls die existenzielle Dimension dieses Prozesses aus: con-naitre bedeutet: mit dem Gegenstand des Erkennens neu geboren werden.

Das erzeugt auch Begrenzungen …
… die Erfahrung zeigt, dass wir im Allgemeinen nur sehen, was wir schon wissen.

… was einen Dialog erschwert.
Vorurteile, Erlebnisse aus der Vergangenheit, eingetrichterte Verhaltensweisen – wir erkennen erst im Dialog, dass wir die

Wirklichkeit selektiv, unbewusst auswählend sehen, hören, schmecken und riechen. „Du siehst den Splitter im Auge deines Nächsten, den Balken im eigenen Auge siehst du nicht", heißt es schon in der Bibel. „Es ist das Schwerste im Leben, was Dich das Leichteste dünkt: mit den Augen zu sehen, was Dir vor Augen liegt", sagte schon Goethe.

Zu viel Wissen auf Vorrat kann unserem Wahrnehmen und Erkennen im Wege stehen.
So ist es. Aber wenn die Neugier gefördert, eine dialogorientierte Methode des Denkens und Arbeitens vermittelt, die Wachheit und Intensität der Sinnesfunktionen geübt werden, gibt es Chancen für eine Veränderung. Lernen durch Tun ist nachhaltig. Eine Untersuchung einer kalifornischen Universität zeigt, dass wir zehn Prozent von dem, was wir lesen, im Gedächtnis bewahren, 20 Prozent von dem, was wir hören, 30 Prozent von dem, was wir gleichzeitig sehen und hören – aber 90 Prozent von dem, was wir selber tun.

Goethe hat das bereits erkannt.
Ja, ich zitiere: „Das bloße Anblicken einer Sache kann uns nicht fördern. Jedes Ansehen geht über in ein Betrachten, jedes Betrachten in ein Sinnen, jedes Sinnen in ein Verknüpfen, und so kann man sagen, dass wir schon bei jedem aufmerksamen Blick in die Welt theoretisieren." Wir bilden gewissermaßen Annahmen, Arbeitshypothesen.

Wir leben aber in einer Zeit, die von Theorie dominiert wird. Statt in die Welt zu gehen, werden wir mit Weltbildern überflutet. Statt Wirklichkeit nehmen wir die „Welt" weitgehend über Medien war. Man spricht bereits vom Syndrom der „Medienverwahrlosung".

Es wäre aber für unsere Entwicklung und unser Erkennen wichtig, die Realität zu sehen, wie sie sich uns darstellt. Dies ist zu üben. Offene, unverstellte, realitätsbezogene Wahrnehmung ist stets mit einem Opfer verbunden. Wir müssen unsere Vorurteile, gespeichertes und situationsfremdes Wissen, ein bestimmtes Resultat anstrebendes Wollen opfern, um in einen existenziellen Bezug zum Objekt unserer Wahrnehmung zu kommen. Nur so geschieht die Kommunikation, die Erkenntnis, das nachhaltige Wissen, das zum Gewissen führt. Lernen zu sehen, zu hören, zu riechen, zu schmecken, zu tasten, sind entscheidende Erziehungsziele. Dass diese Funktionen mit ethischen Haltungen, sozialem Verhalten, Erwerb von Fähigkeiten und mit notwendigem Wissen zu verbinden ist, versteht sich von selber.

Für die Selbsterkenntnis brauchen wir die mediale Verfremdung nicht. Sie kann sogar eine ernsthafte Gefahr sein. Erfahrung ist existenziell und hat mit uns selbst zu tun.
Das Wesen des Menschen besteht im steten Austausch von Innen und Außen. Im Atem vollziehen wir diesen Prozess in jedem Augenblick. Richte Deine Aufmerksamkeit eine kurze Zeit auf Deinen Atem, wirst Du Dir des Reichtums Deines Inneren bewusst: Organe und Organfunktionen, Gefühle, Bilder und Gedanken. Nun stell Dir die Fülle der Mitwelt vor, von der nächsten Umgebung bis zu den entferntesten Galaxien und atme nun größer im Gefühl der Verbundenheit mit dem Kosmos. Aus einem solchen Lebensgefühl heraus wenden wir uns ganz anders unseren Mitmenschen zu, die wir dann eher als gleichwertig unter dem gleichen Himmel empfinden. Aus der Haltung von Respekt und Nächstenliebe können wir nun mit anderen in fruchtbaren Beziehungen leben.

Welche Konsequenzen hat dies für den Bildungsprozess und die Gestaltung von Schule?
Die Medialisierung des Lernens führt zur Isolation des Individuums, zu Verfremdung gegenüber der Realität und zu Einsamkeit. Vermittlung von Wissensfakten ohne den Eros der Lehrenden, der Neugier, Begeisterung, menschliche Wärme und Solidarität erzeugen kann, wird der ganze Wissenskram wertlos. Projektbezogenes Lernen aus konkreten Erfahrungen gemäß den Anregungen von Wagenschein, Kükelhaus und anderen, Teamwork, kreativer, dialogischer Umgang mit der Persönlichkeit von SchülerInnen, sind den neuen Tendenzen der mechanisierten Schule entgegenzuhalten.

* * *

Kapitel 7

Dialog und Politik

Wenn die Geige

Wenn
Die Geige
Die Vergangenheit vergeben kann,
Beginnt sie zu singen.

Wenn die Geige aufhören kann
Sich um die Zukunft zu sorgen,
Wirst du
Ein so betrunkener, übermütiger
Unruhestifter,

Dass Gott sich dann
Herunterbeugen
Und dich in sein
Haar kämmen wird.

Wenn die Geige
Jede Wunde vergeben kann,
Die andere ihr zufügten,

Dann beginnt das Herz
Zu singen.

Hafis

7.1 *Dialoge sind existenzielle Schlüsselsituationen* Ein Gastbeitrag von Horst Siebert

Der Dialog ist nicht lediglich eine Kommunikationsform, sondern ein Modus menschlicher Identität und des gesellschaftlichen Miteinanders. Im Gespräch mit anderen kommen wir zu uns selbst, entwickeln wir unser Selbstbewusstsein, erleben wir unsere Zugehörigkeit zu einer Verständigungsgemeinschaft, erzeugen wir eine Welt, die wir mit anderen teilen, und die sich dadurch als viabel, als vernünftig erweist. Der Dialog hat somit eine persönliche, eine soziale und eine politische Dimension.

Dialoge sind seltene, intensive, ganzheitliche Phasen, in denen wir uns neue Wirklichkeiten erschließen. Dialoge sind gleichsam existenzielle Schlüsselsituationen.

Dialoge in dieser Form sind eine Seltenheit. Es wird viel geredet, wenn der Tag lang ist. Es wird viel debattiert und diskutiert, belehrt und informiert. Gleichzeitig würde errechnet, dass Partner in den USA im Durchschnitt täglich weniger als vier Minuten miteinander sprechen. In der modernen Informationsgesellschaft scheinen die Fähigkeiten einer dialogischen Gesprächsführung eher verlorenzugehen.

Im Dialog geht es nicht um Positionsbehauptung oder rhetorische Eloquenz, Rechthaberei oder Durchsetzung, sondern um Verständigung. Deshalb ist es wesentlich, nicht nur gesprächsbereit zu sein, sondern auch zuhören zu können, aber auch nachzudenken, bevor man redet. Zuhören als Haltung; nicht: wo kann ich widersprechen, sondern: was will der andere sagen.

Die Denkhaltung des Dialogs entscheidet sich prinzipiell

von der des politischen Streitgesprächs. Aus politischen Diskussionen will man als Sieger hervorgehen, man lauert darauf, den Gegner auf dem falschen Fuß zu erwischen. Im Dialog ist man auch nicht an einem sofortigen Einverständnis interessiert, denn dann wäre das Gespräch sofort zuende, sondern man lässt sich anregen, erwartet freundlichen Widerspruch, um das eigene Argument zu prüfen. Der Dialog ermöglicht ein Probedenken, eine realistische (erkundete) Haltung. Im Dialog will niemand Recht haben, sondern alle wollen gemeinsam eine Sache klären. Im Dialog ereignet sich eine Ko-Evolution, eine gemeinsame Entwicklung bei Wahrung der Individualität.

Im Unterschied zu einer Sekte geht der Einzelne nicht völlig in der Gemeinschaft auf und gibt seine kritische Urteilsfähigkeit nicht an einen Guru ab. Der Dialog erfordert kritische Partner, aber auch eine konstruktive, freundliche Kritik. In den kritischen siebziger Jahren des letzten Jahrhunderts wurde kritisches Bewusstsein an Universitäten häufig als Kunst des gewollten Missverstehens praktiziert. Dialogfähigkeit und -bereitschaft ist nicht nur eine kommunikative Kompetenz, sondern eine Haltung, und zwar

- sich selbst gegenüber als Bewusstsein der eigenen Kunst des Erkennens,
- anderen gegenüber als wechselseitige Anerkennung, aber auch als ernsthaftes Interesse am Anderen und auch am anders Denkenden, und
- als Weltoffenheit, auch als Mitverantwortung für die Umwelt.

Der Dialogbegriff wird vorwiegend auf Zweiergespräche oder Gespräche in kleinen Gruppen bezogen. Angesichts wachsender Individualisierungs- und Pluralisierungsprozesse und damit verbundener Sprachbarrieren und Milieuunterschiede kommt dem Dialog zwischen den Generationen, zwischen den Geschlechtern, zwischen den Kulturen eine große gesellschaftspolitische Bedeutung zu.

Die Sozialforschung hat deutlich gemacht, dass Ängste, Aggressionen und Vorurteile gegenüber anderen Gruppen umso mehr zunehmen, je weniger soziale Kontakte möglich sind. Je weniger Gespräche zwischen der älteren und jüngeren Generation, zwischen Menschen unterschiedlicher Kulturen stattfinden, desto mehr Konflikte und sozialer Sprengstoff entwickeln sich.

Obwohl der Dialogbegriff auch politisch in aller Munde ist – als Bürgerdialog, ökologischer Dialog, Dialog mit der Jugend, Dialog zwischen den Kulturen und Religionen – unterliegt Politik anderen Regeln und Rationalitäten. Dabei stelle ich nicht die Dialogbereitschaft einzelner Politiker und Politikerinnen infrage, sondern ich denke an Politik als System, an die politischen Strukturen.

Andererseits steht es auch um die politische Kultur der Öffentlichkeit nicht zum Besten. Die vorherrschende Mentalität scheint die der permanenten Besserwisser, der „terribles simplificateurs", der Vereinfacher, zu sein. Ulrich Beck stellte bereits für die Neunzigerjahre des letzten Jahrhunderts fest: An die Seite des Schreckens tritt das Gleichgewicht der Nörgler – alle sind uneins mit allem und allen. Haben wir früher in der politischen Bildung mehr Kritikfähigkeit eingeklagt, so müssen wir heute angesichts der Komplexität der politischen Probleme für mehr Urteilsvorsicht plädieren.

Prof. Dr. Horst Siebert (Jahrgang 1939) war von 1977 bis 2007 Direktor des Instituts für Erwachsenenbildung an der Leibniz-Universität-Hannover. Er gilt als einer der führenden deutschen Konstruktivisten. Der Dialog ist sein zentrales Thema in der abendländischen Philosophie von Sokrates bis Martin Buber, Gadamer und Habermas.

7.2 *Aus der Aufklärung zum betreuten Denken*
Dialog und Macht

Ich wusste ganz klar, dass der Unterdrücker ebenso frei sein muss wie der Unterdrückte. Ein Mensch, der einen anderen Menschen seiner Freiheit beraubt, ist Gefangener seines Hasses, ist eingesperrt hinter den Gittern seiner Vorurteile und seiner Engstirnigkeit. Als ich die Türen des Gefängnisses durchschritt, war dies meine Mission: zugleich den Unterdrückten und den Unterdrücker befreien.

Nelson Mandela, Der lange Weg zur Freiheit

Für **David Bohm** (linkes Bild), den Nestor der modernen Dialogtheorie, war die Hauptaufgabe des Dialogs die Überwindung der Fragmentierung unseres Denkens. Um die Probleme der heutigen Welt zu lösen, müsse ein gesellschaftlicher Dialogprozess in Gang gesetzt werden, welcher in der Lage wäre, diese Fragmentierung zu überwinden. Dies stelle jedoch eine schwierige Aufgabe dar, da Machtinteressen diese Aufgabe immer wieder konterkarierten.

Der renommierte Demokratietheoretiker *Sheldon Wolin* (gestorben 2015) sieht in diesem Zusammenhang für unsere Gesellschaften, die sich als demokratisch verstehen, eine Gefahr heraufziehen, die weitgehend unsichtbar, aber deshalb nicht minder problematisch ist. Er bezeichnet sie als „invertierten Totalitarismus". Diese neue Form des Totalitarismus zeichne sich dadurch aus, dass dieser von der Bevölkerung gar nicht als ein solcher empfunden wird. Folgende Eigenschaften, die er unter anderem in seinem Buch *Democracy Incorporated* herausgearbeitet hat, sind für ihn charakteristisch:

- Demobilisierung von Bürgern zu passiven Konsumenten durch Herbeiführen von Unsicherheit, Angst und Apathie
- Staat und Gesellschaft sind der Wirtschaft untergeordnet
- Gewalt gegen Dissidenten ist weitgehend unsichtbar
- Einschränkungen des Meinungsspektrums sind weitgehend unsichtbar.

Dieses totalitäre System entwickle eigene Methoden und Strategien. „Seine Genialität liegt in der Etablierung der totalen Macht, ohne Konzentrationslager zu errichten, oder eine ideologische Uniformität zu erfordern. Nicht einmal Repressionen gegen Dissidenten sind nötig, solange diese ineffektiv sind."

Rainer Mausfeld (rechtes Bild), inzwischen emeritierter Professor für Allgemeine Psychologie an der Christian-Albrechts-Universität Kiel, hat die Zusammenhänge der Ideologiebildung in seinem Buch: *Warum schweigen die Lämmer? Wie Demokratie und Neoliberalismus unserer Gesellschaft und unserer Lebensgrundlagen zerstören* anschaulich zusammengefasst. Danach stellt bereits C. Wright Mills 1958 in seinem Werk *The Causes of World War Three* fest: „Die vorherrschende Gleichgültigkeit der Massen ist sicherlich einer der wichtigsten politischen Faktoren in den heutigen westlichen Ländern."

Eine derartige Gefahr scheint sich dann zu bilden, wenn der öffentliche Debattenraum durch Denk- und Sprechverbote oder eine falsch verstandene political correctness derart verengt wird, dass unterliegende Ursachen für aktuelle Probleme, welche die Macht- und Herrschaftsverhältnisse problematisieren könnten, als unzulässig ausgeblendet werden.

Bertolt Brecht hat für diese Funktion die Rolle eines willfährigen Intellektuellen (heute würde er vielleicht den Medienbetrieb insgesamt nehmen) mit dem Namen „Tui" bezeichnet, eine Silbenumstellung von Tellekt-Uell-In. Für ihn ist der Tui „der Intellektuelle dieser Zeit der Märkte und Waren. Der Vermieter des Intellekts". Diesen Begriff greift Mausfeld auf:

„Die Tuis sind die Träger und Vermarkter der Freiheitsillusion, sie sind die Weißwäscher, Ausredner und Kopflanger der Mächtigen (…) Ihre Funktion ist es, die Wahrnehmung der Realität interessengeleitet zu verformen und das öffentliche Bewusstsein so umzuformen, dass es die Kraftfelder der Macht nicht stört (…) Da der Bevölkerung die Diskrepanz zwischen Ideologie und Realität immer offenkundiger wird, bedarf es immer größerer Anstrengungen, diese Brücke zu verdecken. Dazu bieten sich – wie immer in der Geschichte – Scharen bereitwilliger Intellektueller und Journalisten an – eben Tuis."

Die derzeitige Organisation von Gesellschaft erscheint uns dadurch als alternativlos. Alle Entwicklungen wie zunehmende Machtungleichheiten, Rüstungsausgaben und so weiter müssen nicht einmal mehr näher begründet werden.

Vielleicht kann uns aber die Einsicht helfen, „dass die gegenwärtige soziale Realität durch menschliche Entscheidungen herbeigeführt wurde und nicht, wie uns die neoliberale Indoktrination glauben machen will, durch irgendwelche naturgesetzliche Entwicklungen. Folglich können diese systematisch herbeigeführten Zustände auch wieder durch menschliche Entscheidungen rückgängig gemacht und so beseitigt werden", wie Mausfeld meint.

Es ist offenbar die Art unseres Denkens, die uns gefangen hält. David Bohm sagte einmal: „Das Denken verändert die Welt und sagt: Ich war's nicht." Eine ernsthafte Demokratie jedoch, welche auf demokratischer Basis die „kollektive Intelligenz" für rationale Entscheidungen entfalten möchte, ist auf Informationen angewiesen, die vollständig sind und nicht durch den Filter interessengeleiteter Positionen verzerrt und ideologisiert werden. Und sie braucht darüber hinaus eine entsprechende Kommunikationsform. Die meisten Menschen schwimmen jedoch in der herrschenden Ideologie wie Fische im Wasser. Oder wie es Goethe einmal im *Faust* formulierte: „Es ist der Herrn eigener Geist, in dem die Zeiten sich bespiegeln." Auf dieses Problem wurde auch von Hans-Magnus Enzensberger („Bewusstseinsindustrie") Adorno, („Kulturindustrie") oder dem ehemaligen FAZ-Chef Frank Schirrmacher („staatlich kontrollierte Bewusstseinsindustrie") hingewiesen.

Die heutigen Kampfbegriffe wie „Lügenpresse" oder „Lückenpresse" greifen zu kurz. Denn: „Die Struktur des Mediensystems ist durch seine Einbindung in Machtstrukturen so beschaffen, dass personelle Absprachen und ‚Verschwörungen' im traditionellen Sinne weitgehend überflüssig sind", wie Mausfeld sagt.

Der bedeutende US-Sprachwissenschaftler Noam Chomsky wies darauf hin, dass die Medien durch ihre Einbindung in ökonomische Machtstrukturen quasi zwangsläufig zu einem außerordentlich wirksamen Instrument mächtiger ökonomischer Lobbygruppen werden. Und auf diese Weise könnten sie verdeckt, aber höchst wirksam steuernd in öffentliche Diskussionen und politische Willensbildungs- und Entscheidungsprozesse eingreifen.

Hier ist der Kern des Auseinanderfallens der vorgeblichen und der eigentlichen Zentren der Macht angelegt: „Die öffentlich sichtbaren demokratisch legitimierten staatlichen Apparate einerseits und die alle grundlegenden Entscheidungen bestimmenden praktisch nicht abwählbaren Elitengruppierungen andererseits", wie Mausfeld erklärt. Die eigentlichen Machtstrukturen werden über die Medien auf diese Art und Weise unsichtbar und diese machen sich selbst zu meinungsbildenden Akteuren. Auf den Indoktrinationscharakter der Leitmedien wurde verschiedentlich hingewiesen. So hat der frühere Präsident Gorbatschow im Blick auf die Russland-Berichterstattung festgestellt: „Die deutsche Presse ist die bösartigste überhaupt".

Dabei ist es wichtig zu beachten, dass es dabei nicht in erster Linie um die Herausbildung einer bestimmten Überzeugung oder gar Ideologie geht, sondern um die Fähigkeit, überhaupt eine konsistente Meinung herauszubilden. Hannah Arendt schrieb: „Das Ziel einer totalitären Bildung war nie die Entwicklung einer bestimmten Überzeugung, sondern die Zerstörung der Fähigkeit, überhaupt eine eigene Meinung herauszubilden."

Noam Chomsky geht noch weiter und glaubt: „Das in den vergangenen fünf Jahrzehnten durchgeführte neoliberale Projekt beschränkt sich nicht nur auf den Bereich der Wirtschaft, sondern umfasst auch das gesamte gesellschaftliche Leben und zielt auf die Schaffung eines neuen Menschen, eines auf eine Konsumentenrolle reduzierten Menschen, der seine freiwillige Knechtschaft als höchstes Glück ansieht." (zitiert nach Mausfeld)

Mausfeld beschreibt die Mechanismen und Techniken der Meinungsmanipulation in unserer Mediengesellschaft: Durch Faktenselektion, De-Kontextualisierung und Re-Kontextualisierung werden ideologisch unpassende Fakten unsichtbar macht. Zusätzlich werden Nicht-Ereignisse von den Medien gegenüber der Öffentlichkeit so aufgeblasen, bis sie alle Fernsehbildschirme füllen und zum wesentlichen Gesprächsthema werden. Terrorismus, Rechtspopulisten und Einwanderung beherrschen die Schlagzeilen. Weitgehendes Schweigen herrscht über alle wirklich wichtigen und entscheidungsrelevanten Themen, welche die Mehrheit der Bürgerinnen und Bürgern ernsthaft betreffen.

Es scheint also wichtig zu sein, sich auch in Dialogprozessen dieser grundsätzlichen Ideologiegebundenheit bewusst zu werden, um auch die Grundstrukturen der Herkunft unserer Meinungen, Überzeugungen und Haltungen miteinbeziehen zu können. Ähnlich wie bei der Organisationsentwicklung, wo es wichtig ist, die latente Funktionsgrammatik von Organisationen zu entschlüsseln, ragt auch die latente Funktionsgrammatik der Gesellschaft in die Dynamik von Dialogprozessen hinein. Diese Bewusstwerdung ist nach David Bohm die Hauptaufgabe eines Dialogprozesses und damit der Schlüssel zur De-Fragmentierung unseres Denkens und Handelns.

7.3 *Schwarz – Rot – Geld?* Von den Spätfolgen eines gestörten innerdeutschen Dialogs

In der Endphase des friedlichen Untergangs der Deutschen Demokratischen Republik 1989/90 versuchten die „Runden Tische“ in Form eines Dialogs, Vorschläge für eine gemeinsame Zukunft zu entwickeln und einen Rest von Mitgestaltung bei dem Übergang in ein gemeinsames Deutschland zu ermöglichen. Nur wenig konnte davon verwirklicht werden – mit gravierenden Spätfolgen. Auf der einen Seite war der Sog des Konsums und der D-Mark zu stark, so dass der Überschwang gleichzeitig eine Unterwerfung und Selbstentmündigung unter die westdeutschen Vorstellungen bedeutete, ohne sich über deren Tragweite im Klaren zu sein. Auf der westlichen Seite war es vor allem bei den Politikern der BRD in der Regel völlig klar, dass der Osten Deutschlands weder ökonomisch, noch kulturell und sozial etwas Erhaltenswertes zu bieten habe. Das Schlagwort vom „Besserwessi“ war geboren. Die Biografien und die Lebensleistungen von Millionen Menschen wurden entwertet. Nicht einmal der Palast der Republik durfte bleiben, nur unverfängliche Konsumlogos wie Florena, Rotkäppchensekt oder Radeberger wurden als vermarktungsfähig angesehen. So kam es auch nicht zu einer gleichberechtigten Wiedervereinigung, sondern zu einem Beitritt der DDR zur BRD.

Die aus dieser Geisteshaltung entstandenen Verletzungen sind bis heute zu spüren und finden immer neue Ausdrucksformen. Mögliche Chancen, auch wenn sie nur einen symbolischen Charakter gehabt hätten, wurden immer wieder verspielt. Wäre es nicht sinnvoll gewesen, alles daranzusetzen, eine neue gemeinsame Identität zu schaffen und wenn nicht schon ein neues Grundgesetz, dann doch wenigstens diese Gelegenheit für eine neue Nationalhymne zu nutzen?

Wie klingt es in der Hymne der DDR: „Auferstanden aus Ruinen und der Zukunft zugewandt", heißt in der ersten Strophe. In der zweiten Strophe geht es friedlich weiter „Glück und Friede sei beschieden Deutschland, unserm Vaterland." Und in der dritten klingt es hoffnungsfroh: „Lasst uns pflügen, lasst uns bauen, lernt und schafft wie nie zuvor, und der eigenen Kraft vertrauend, steigt ein frei Geschlecht empor."

Auch die Melodie gibt eine andere Intonation vor. Der Komponist Hanns Eisler formulierte 1949: „Es kann nichts Zackiges, nichts Militärisches in dieser bedeutungsvollen Melodie sein, sondern es muss ein sehr würdiger und menschlicher Ton gefunden werden."

Wäre es nicht sinnvoller gewesen, hier einen neuen gemeinsamen Anfang zu machen und damit die Geste für einen Dialog, einen gemeinsamen Neuanfang, auszudrücken?

7.4 Der Talanoa-Dialog von Katowice

Den Einwohnern der Fidschiinseln steht in absehbarer Zukunft das Wasser buchstäblich bis zum Hals – wenn sich nichts Entscheidendes auf unserem Planeten ändert. Der Premierminister von Fidschi, Voreque Bainimarama, sagte auf der Welt-Klimakonferenz in Katowice: „Gemeinsam müssen wir die Schwere der Herausforderung anerkennen, die vor uns liegt." Und das bedeute, dass die Staaten ihre Klimaschutzanstrengungen verfünffachen müssten, um noch das 1,5-Grad Ziel erreichen zu können. Angesichts dieser dramatischen Situation brachte er zur Vorbereitung der Klimakonferenz den Talanoa-Dialog ins Spiel, dem in Katowice eine aufsehenerregende Rolle zukam.

Auf vielen Pazifik-Inseln gehört der Dialog zum kommunikativen Alltag, um Konflikte zu lösen und das Gemeinschaftsleben zu stärken. Auf Hawaii wird er *Ho'o - ponopono* genannt, auf den Fidschis *Talanoa*. Was etwa soviel bedeutet wie „sich zu unterhalten". Diese Gesprächsmethode hat klare Regeln:

- Es gibt einen Dialogbegleiter.
- Alle sind gleichberechtigt im Kreis.
- Jeder erzählt über sich eine Geschichte, welche die persönliche Wahrnehmung des Problems illustriert.
- Diese soll kurz, rückhaltlos, unverblümt, aber ohne Anschuldigungen sein.
- Alle hören einander respektvoll zu.
- Unehrlichkeit und Hinterlist werden allerdings mit Ausschluss sanktioniert.

Diese Form soll eine Grundlage für das Vertrauen zwischen den Streitparteien schaffen und die Perspektive des jeweils anderen verständlich und begreiflich machen. Der Dialogprozess wird eingesetzt, um Streit in Unternehmen und Organisationen zu schlichten, oder gemeinsam neue Perspektiven zu entwickeln. Die Bandbreite der Problemstellungen reicht von der Beilegung von Familienkonflikten, Bekämpfung von unsozialen Verhalten wie Rowdytum, bis hin zu großen Staatskrisen.

Die Talanoa-Sitzungen zur Vorbereitung der Weltklimakonferenz starteten im Mai 2018. Die politische Phase dieses Dialogs fand in Katowice statt. Nachdem sich fast ein Jahr lang Beteiligte aus allen Ländern in diesem besonderen Format ausgetauscht hatten, entstand ein Talanoa-Papier, welches ein Stimmungsbild geben sollte, wo derzeit die Welt im Kampf gegen den Klimawandel steht.

Dieses Papier hat zwar keinen Weisungsstatus erhalten, aber Mitwirkende von Nichtregierungsorganisationen, wie Rixa Schwarz von Germanwatch betonten, wie wichtig es gewesen sei, einmal den herkömmlichen, starren Verhandlungsprozess zu verlassen und ein neues Setting auszuprobieren: „Talanoa hat ein sehr viel besseres Verständnis für die Klimakrise unter allen Ländern vermittelt." (*Klimareporter* vom 12. Dezember 2018)

Eliza Northrop von der US-amerikanischen Denkfabrik World-Ressources-Institute sieht den Talanoa-Dialog sogar als „historischen Prozess, der Unternehmen, Städten und der Zivilgesellschaft die Gelegenheit gegeben hat, mit den Regierungen an einem Tisch zu sitzen." Denn „normalerweise stehen Redner auf der Klimakonferenz hinter einem Mikro und einem Schild mit dem Organisationsnamen." Dabei gäbe es die bekannten Konfliktlinien und Allianzen. „Diese festgefahrenen Strukturen hat der Dialog aufgebrochen."

Bleibe bei uns

Du verlässt unseren Kreis,
Wenn du
Von Scham sprichst,
Und das macht
Jeden in der Taverne traurig.
Bleib und hilf uns
Bei dieser schwersten aller Arbeiten:
Mit Hacke und Schaufel
Unsere tiefe Verwandtschaft
Mit Gott
Freizulegen.
Und dadurch
Unseren eigenen göttlichen Wert
Zu offenbaren.
Du verlässt
Unseren Kreis, die Freunde des Geliebten,
Wenn du
Von Schuld sprichst,
Und dies macht
Jeden in der Taverne sehr traurig.
Bleib bei uns zur Nacht,
Während wir Liebe weben
Und uns offenbaren,
Uns offenbaren
Als seine kostbaren
Gewänder.

Hafis

Kapitel 8

Hören, reden und denken im Dialog

Sie wurden irre im Geiste

Etliche schrien so, etliche ein anderes, und die Gemeinde ward irre, und die meisten wussten nicht, warum sie zusammengekommen waren.

Apostelgeschichte Kapitel 19, Vers 32

Sprich vom Reden!

Ihr redet, wenn ihr aufhört, mit euren Gedanken im Frieden zu sein. Und wenn ihr nicht länger in der Einsamkeit eures Herzens wohnen könnt, lebt ihr in euren Lippen, das Wort ist euch Ablenkung und Zeitvertreib. Und in vielen eurer Gespräche ist das Denken halb ermordet. Denn der Gedanke ist ein Vogel des Himmels, der im Käfig der Worte zwar seine Flügel ausbreiten, aber nicht fliegen kann.

Khalil Gibran, Der Prophet

Achtsamkeit

Achte auf deine Gedanken,
denn sie werden deine Worte.
Achte auf deine Taten,
denn sie führen in deine Gewohnheiten.
Achte auf deine Gewohnheiten,
denn sie formen deinen Charakter.
Und achte auf deinen Charakter,
denn er wird zu deinem Schicksal.

Aus dem Talmud

8.1 *Wie wirkt Wirklichkeit?* Ein Gespräch mit Hans-Peter Dürr

Dr. Hans-Peter Dürr (1929–2014) arbeitete an der Universität München. Er war Professor für Elementarteilchenphysik und langjähriger Direktor am *Werner-Heisenberg-Institut* und am *Max-Planck-Institut für Physik und Astrophysik*. Er erhielt zahlreiche Auszeichnungen, unter anderem ist er Träger des so genannten „Alternativen Nobelpreises". Im Mittelpunkt des Gesprächs mit Hans-Peter Dürr stehen die Ideen, dass das dialogische Prinzip eine universelle Basis des Entwicklungsprozesses sein könnte und die Frage nach der Bedeutung von Weltbildern für unser Wirklichkeitsverständnis. Ein solcher Dialogbegriff ist ähnlich weit gefasst wie bei David Bohm.

„Vibrieren im Zustand der Ahnung"

Hartkemeyer: *Herr Dürr, die gewöhnliche Annahme ist, dass wir uns im Dialog mit dem Austausch von Weltbildern befassen. Weltbilder, die wir uns gegenseitig vorstellen und die manchmal unsere Sicht verstellen. Denn diese haben die Eigenschaft, unterschwellig das zu filtern, was wir überhaupt wahrnehmen. Was ist Ihre Sichtweise als Physiker?*
Dürr: Weltbilder sind uns wichtig, weil sie auch unser Selbstbild bestimmen. Deshalb ist es wichtig, diese Weltbilder genauer anzuschauen – nur dann verstehen wir uns selbst. Nach der neueren quantenphilosophischen Sicht der Welt im Unterschied zur klassischen Sicht ist der Mensch kein unabhängiger objektiver Beobachter, sondern ein Teil der Natur. Er befindet sich innerhalb und nicht außerhalb von ihr. Natur sollte man übrigens besser mit Schöpfung umschreiben. Sie ist nämlich nichts Statisches, nichts Festes, sondern etwas, was dauernd entsteht und sich weiter entwickelt.

Wir gehen davon aus, dass unser heutiges Weltbild, unsere Vorstellungen sehr von Naturwissenschaft und Technik geprägt sind. Wir haben ein ungeheures Wissen angesammelt über das, was wir Wirklichkeit nennen. Doch was ist die Wirklichkeit?
Da fängt es an, interessant zu werden. Für den Physiker ist die Wirklichkeit dasselbe wie die Welt oder die Natur, das, was „wirkt". Der wesentliche Punkt ist aber, ob wir in diesen Wirklichkeitsbegriff den Menschen einbeziehen oder

ihn außerhalb lassen, weil wir glauben, er sei etwas total anderes.

Dann ist das alte vorwissenschaftliche Bild der „Mutter Erde", mit der der Mensch wie ein Embryo im Uterus verbunden ist, so falsch nicht?
Es ist sogar sinnvoller als ein abstrakter Naturbegriff, der in seiner Arroganz diesen untrennbaren Zusammenhang ausblendet und zerstörerisch wirkt. Naturwissen wird heute vor allem deshalb geschätzt, weil wir damit Technik schaffen können. Wissen ist also nicht nur etwas Philosophisches, wobei es darum geht, etwas um seiner selbst willen zu erkennen. Wissen ist Macht. Wer Wissen besitzt, der bringt sich dadurch in die Position, manipulieren zu können und Macht auszuüben. Die heutige Form von Wissen und Wissenschaft ist durch die Trennung von Ich und Welt entstanden. Erst durch diesen Schritt lassen sich Dinge scharf unterscheiden und Regelmäßigkeiten zwischen ihnen konstruieren, deren Formulierungen sich im Laufe der Zeit als richtig oder falsch erweisen können. Wir verwenden dieses Wissen von Regelmäßigkeiten dann dazu, Prognosen zu erstellen. Dass die Wirklichkeit dies überhaupt zulässt, zu „Machenschaften" Anlass gibt, ist eigentlich eine Überraschung!

Was ist nun die Beziehung von „Wissen" zu dem, was wir „Wirklichkeit" nennen, oder anders gefragt: Verstellt aus Ihrer Sicht das herrschende Konzept des naturwissenschaftlichen Wissens den Blick auf die „eigentliche Wirklichkeit", die dahintersteht?
Um das anschaulicher zu erläutern, möchte ich auf ein Gleichnis des englischen Astrophysikers Eddington zurückgreifen, das er in seinem Buch *The Philosophy of Physical Science* 1939 verwendet hat: Eddington vergleicht den Naturwissenschaft-

ler – oder wir können auch sagen: uns selber – mit einem Ichthyologen, einem Fischkundigen. Er ist ein Fischer, der hinausfährt und Fische fängt. Nach jahrelangem Fischen kommt er zu den zwei Grundgesetzen der Ichthyologie:

> Gesetz Nr. 1: Alle Fische sind größer als fünf Zentimeter.
> Gesetz Nr. 2: Alle Fische haben Kiemen.

Er nennt dies die „Grundgesetze der Ichthylogie", da er sie bei jedem Fischzug bewahrheitet findet. Auf dem Nachhauseweg trifft er seinen besten Freund – nennen wir ihn den Metaphysiker – und erzählt von seiner großen Entdeckung. Der Metaphysiker hört sich das an und sagt: „Dein zweites Grundgesetz könnte vielleicht eines sein, aber Dein erstes nicht. Wenn du die Maschenweite deines Netzes gemessen hättest, hättest du festgestellt, sie beträgt fünf Zentimeter." Unser Ichthyologe ist überhaupt nicht beeindruckt davon; er sagt: „Entschuldige, in der Ichthyologie ist ein Fisch definiert als etwas, das ich mit meinem Netz fangen kann; was ich nicht fangen kann, ist kein Fisch." Das ist eine Parabel, die charakterisieren soll, wie wir Wissenschaftler vorgehen. Wir alle brauchen für unseren Fischfang ein Netz. Das Netz ist in unserem Fall nicht einfach nur die verwendete Methode, die in guten Experimentier-Handbüchern steht, sondern vor allem die Art und Weise unseres Denkens. Denn unser wissenschaftliches Denken hat eine bestimmte Struktur. Es zerlegt, analysiert, fragmentiert. Das Netz, das wir bei all unseren Entdeckungen verwenden, fragmentiert die Welt, zerschneidet bestimmte Zusammenhänge. Nur das, was in dieses Denkschema hineinpasst, können wir erfassen. Besonders verblendet wird es, wenn Wissenschaftler glauben, sie würden kein Netz verwenden, oder tatsächlich glauben: Ich betrachte doch die Natur, wie sie ist. Ich sehe keine „Netze".

Das ist so ähnlich, wie wenn wir sagen, es gäbe keinen blinden Fleck im Auge.

Niemand hat diesen blinden Fleck in seinem Auge je gesehen, obwohl wir ihn natürlich haben. Unser ganzes Leben lang haben wir um diesen Fleck herumgedacht. Unsere Bilder hatten niemals Löcher. Das heißt, unser Netz sehen wir nicht, weil wir es immer benutzen! Was wir ständig benutzen, setzen wir voraus, und wir nehmen dabei an, dass jeder dieselbe ungeschmälerte Wirklichkeit sieht. Um uns zu verstehen, sollten wir stattdessen immer, wenn uns jemand eine Karte der Wirklichkeit vorsetzt, fragen: Welcher Filter wurde dabei verwendet? Dieser Filter siebt übrigens nicht nur heraus – wie das Netz des Fischers –, sondern verändert auch die Wirklichkeit. Unsere Wahrnehmung der Wirklichkeit, auch die wissenschaftliche Wahrnehmung in ihrer verschärften Form, ähnelt einem Fleischwolf. Oben wird etwas hineingestopft und vorn kommen die Würstchen heraus. Danach ist die ganze Welt also aus „Würstchen" zusammengesetzt. Das hat mit der eigentlichen Wirklichkeit nichts mehr zu tun.

Unser Weltbild scheint doch bislang recht erfolgreich gewesen zu sein, auch wenn es in letzter Konsequenz die Überlebensfähigkeit der Menschheit durch Umweltzerstörung und kriegerische Aggressionen zu untergraben scheint.

Das scheint so zu sein, aber unser Fischergleichnis reicht ja noch weiter. Wenn jemand dem Fischer entgegnen würde, seine Definition eines Fisches – als Objekt, das mit seinem Netz fangbar ist – sei doch ein bisschen willkürlich, dann könnte er antworten: Ich trage den Fisch jeden Morgen auf den Markt, und noch nie hat mich jemand nach einem Fisch gefragt, den ich nicht fangen kann. Die Wirtschaft ist selbstverständlich nur an Fischen interessiert, die man fangen kann. Jetzt verstehen wir auch, warum das, was die Wissenschaft „begreifbar" macht, in der Anwendung so gut umsetzbar ist. Es ist tauschfähig! Und wenn etwas tauschfähig ist, dann haben wir eine einfache Methode, uns zu verständigen.

Die Frage der Berechenbarkeit und Beherrschbarkeit, die Verwandlung der Welt in Waren und Dienstleistungen, die Herrschaft von Shareholder-Value und DAX scheinen das Denken zu beherrschen.
Aber dabei vergessen wir, dass dasjenige, was nicht durch unseren fragmentierenden Verstand, durch unsere begriffliche Sprache zu fassen ist, eigentlich wichtiger ist. Denken wir an Liebe oder Treue oder irgendetwas anderes, was in unserem Leben eine große Rolle spielt. Das sind alles Fische, die kleiner sind als fünf Zentimeter! Auch alle Religion ist – in meiner Sprache – etwas, was nie in Konflikt mit Naturwissenschaft gerät, weil es sich auf Fische bezieht, die kleiner als fünf Zentimeter sind.

Goethe sagte einmal sinngemäß: Das Erleben ist größer, wenn wir anerkennen, dass wir mehr erleben können, als wir begreifen.
Ja, dann würden wir wieder eine andere Betrachtungsweise in der Welt haben. So dass wir das, was erlebt wurde, bewusst wahrnehmen und nicht sofort dem sezierenden Verstand unterwerfen und damit alles eliminieren, was nicht in das Verstandesnetz oder die Begriffsschubladen hineinpasst.

Inwieweit können wir nun das, was nicht „begreifbar" ist, dennoch zur Grundlage einer Verständigung machen? Unser Wahrheitsbegriff wurde im 19. Jahrhundert mit Objektivier-

barkeit identifiziert. Danach ist das, was objektiv „Tatsache" ist, auch wahr. Und das, was wir nur subjektiv erfassen können, das ist unsere Privatmeinung?

Die modere Physik hat gezeigt, dass es diese Objektivierung eigentlich gar nicht gibt, zum Beispiel die sogenannte „Tatsache" Elektron. Wenn wir versuchen, das Elektron wissenschaftlich zu erfassen, zu messen, stellen wir fest, dass es einerseits wie ein Teilchen aussieht und andererseits mehr wie eine Welle. Je nachdem, welches Netz wir verwenden, bekommen wir das eine oder andere Bild. Was ist es denn nun „wirklich"? Man hat sich darüber jahrzehntelang gestritten. Die Antwort lautet: Es ist sowohl als auch, oder keines von beiden.

Nach dem Weltbild der Quantenphysik hängt alles mit allem zusammen. Welche praktischen Auswirkungen hat die Fragmentierung der Wirklichkeit?

Wenn wir genau überlegen, erkennen wir, dass wir mit unseren Sinnen nur gewisse Dinge wahrnehmen. Stellen Sie sich zum Beispiel das elektromagnetische Feld unmittelbar um sich herum vor. Es ist ein einziges elektromagnetisches Vektorfeld. Darin steckt die ganze Information aus dem Weltall, von den Sternen und Galaxien. Aber auch die Information, die von unten kommt, wie die y-Radioaktivität, die Wärmestrahlung ist darin. Das Licht, alle Fernseh- und Radioprogramme und das, was man mit den Handys heute so anstellt. Es sind nicht einzelne Pakete von Dingen an bestimmten Orten, sondern es handelt sich um ein einziges universelles Feld, dessen Form die verschiedenen Aspekte dieser Form von Wirklichkeit widerspiegelt. Um einzelne Teile herauszuholen, zum Beispiel unser Handy zu nutzen, sieben wir aus diesem einen Feld eine ganz bestimmte Form heraus, eine

Struktur. Wir nennen das auch „Wellenlänge“. Wir wissen, dass wir mit verschiedenen wissenschaftlich-technischen Geräten diese Form von Auswahl auf ein anderes Fragment erweitern können. Das ist also keine Grenze der wissenschaftlichen Wahrnehmung, sondern eher eine Grenze, die man immer wieder überschreiten kann. Unsere Grenze der Erkenntnis wird dagegen durch unser Verständnis von Wissenschaft festgelegt, die diese Fragmentierung bestimmt.

Wie kommt aber das Neue in die Welt? Ist die Form Ausdruck der Kreativität?
Ja, so schwierig es scheint, sich die Form als das Wesentliche vorzustellen und nicht die Substanz, so wenig erstaunlich ist das andererseits: Betrachten Sie etwa eine Schallplatte, in der eine Fuge von Bach oder eine Symphonie von Beethoven eingepresst ist. Eine einzige lange gewundene Rille enthält alles. Die Form der Rille bestimmt die ganze Symphonie, mit allen Instrumenten und ihren Obertönen. Sie können diese Form auch auf eine CD nehmen, oder Sie können sie als Schwingungsfeld in den Raum senden. Es ist dieselbe Musik, nur der Träger ändert sich. Der Träger ist also nicht wesentlich, wichtig ist die Gestalt.

Wie aber wird aus der Potenzialität, aus dem Möglichkeitsfeld, die Form realisiert?
Nehmen Sie als ein Beispiel ein Elektron, ein Elementarteilchen des Atoms. Wir sprechen dabei vorläufig von „Äpfeln“ und Planetensystemen, anders geht es auch wohl nicht. Wenn dieser Mikro-Apfel sich in der klassischen Vorstellung von Punkt A nach B bewegt, muss ich das in der Quantenmechanik ganz anders beschreiben. Das, was wie ein Elektron aussieht, erzeugt um sich ein Feld, das nennen wir „Erwartungs-

feld". Dieses Erwartungsfeld entwickelt sich in die Zukunft wie eine Welle, und dann gerinnt gewissermaßen an einem anderen Ort ein neues Elektron. Das messe ich. Zwischen den beiden Orten ist überhaupt nichts gelaufen. Das Elektron ist vielmehr an einem Ort verschwunden und neu an einem zweiten entstanden. Entwicklung der Welt in der Zeit heißt also nicht, dass alle Substanz mit sich selbst gleichbleibt. Sondern es wird für jedes Objekt eine Art Wellenfeld aufgebaut, an dem übrigens nicht nur dieses Objekt, zum Beispiel unser Elektron, beteiligt ist, sondern die ganze Welt. Die ganze Welt erzeugt ein Wellenfeld und darin an bestimmter Stelle auch ein Elektron. Das Elektron ist dabei eine Überlagerung von Wellen, wir nennen das ein „Wellenpaket". Aber das ist ein Wellenpaket, das keine scharfe Umrandung hat, sondern sich bis an das Ende des Universums erstreckt. Natürlich wird es nach außen sehr viel schwächer, aber es erfüllt den ganzen Raum. In der Richtung, in der – klassisch gesprochen – das normale Elektron läuft, prägt sich dieses Feld nur besonders ein.

Welche Beziehung hat die Materie zu geistigen Prozessen?
Die vielfältige Wirklichkeit ist durchzogen von einfältigen Strukturen, und die nennen wir Materie. Diese Potenzialität können wir auch mit Vorgängen im Geistigen vergleichen. Das Geistige ist auch etwas, was nur ganzheitlich vor sich geht, was nicht fassbar, nicht ausgedehnt ist. Wenn Sie Vorstellungen in Ihrem Geist haben, sind diese unendlich reich, bevor Sie darüber nachdenken. In dem Augenblick, in dem Sie einen konkreten Gedanken fassen, gerinnen alle diese Vorstellungen zu einem einzigen Gedanken. Das ist gewissermaßen ein „Massenmord" an Optionen. Jedesmal wenn uns etwas einfällt, gehen ungeheuer viele andere Möglichkeiten verloren.

Wenn ich etwas ausspreche, begrenze ich mich selbst. Die Konsequenz wäre etwa Schweigen im Dialog. Im Dialogprozess kommen wir immer wieder an den Punkt, wo wir feststellen, wie begrenzt die Sprache ist. Das ist die Situation, wo neue Möglichkeiten aufscheinen.

Ein Erlebnis in Worte zu fassen ist schwierig. Wenn ich sage, ich habe ein Erlebnis gehabt, dann merkt man, wie man anfängt zu stottern, weil man gar nicht recht weiß, wie man das beschreiben soll. Wir stoßen auf die Schwierigkeit, es dem anderen begreiflich zu machen. Es ist die Frage, wie man das bezeichnen soll. Ich nenne es „Erlebnis". Den Begriff „Erfahrung" verwende ich für den Versuch, dieses Erlebnis umzusetzen, indem ich es mir bewusstmache und es in Worte fasse. Das Erlebnis ist etwas Spontanes. Aber ich habe nun in meiner Erziehung beigebracht bekommen, wie ich so etwas einordne. Es ist ja wahrscheinlich gar nicht so sehr der Kopf, der hier beteiligt ist, sondern vielmehr das Herz. Jede Ordnung, die wir durch unseren Verstand hineinlegen, manipuliert den eigentlichen Sinn hinaus.

In der Philosophie des Tao und des Zen finden wir die reiche Bedeutung der Meditation oder des Koan.

Und ein Dialog über das Erleben in der Ahnung kann nur in dieser Art gelingen. Das Erleben in der Ahnung ist ja sehr reich. Und, ich muss es immer wieder sagen: Wenn man wirklich in dem Zustand der Ahnung ist, dann vibriert man einfach an der Grenze. Man versucht sich nicht genau Rechenschaft zu geben von dem, was man erlebt hat, sondern man belässt es bei kurzen Bemerkungen. Deshalb ist ein Dialog so gut, weil der eine spontan aus seiner Ahnung heraus spricht, während der andere besonnen reflektiert. Man redet sozusagen nicht nur „vernünftiges Zeug", man redet in Fetzen, indem man einfach die Augen zumacht und ausdrückt, was an einem vorbeischweift, ohne dass man genau weiß, was man redet. Und der andere ist derjenige, der das auffängt und bewusst registriert. Jeder sondiert gewissermaßen des Anderen Ahnungsdepot.

8.2 *Bitte versteh mich nicht so schnell*

Manchmal sind wir sehr beflissen darin, das, was wir von anderen hören, gewahr werden, sehr schnell in unsere eigenen Schubladen einzuordnen. Unsere typische Reaktion ist dann: „Ah, ich verstehe!"

Nicht immer fühlen wir uns dann wirklich verstanden, wenn uns diese eifrige Antwort von einem Gegenüber entgegenschallt. Dann hören wir schon das Knarren der Schubladen, in die wir gerade gesteckt werden sollen.

Oder, wir helfen dem Erzählenden zu schnell, im besten (aber ungeduldigen) Gefühl des Helfenwollens. Wir unterbrechen, wir eilen dem Erzählenden voraus, bevor er überhaupt in sich klären kann, was er wirklich möchte. Wir sind stolz auf unsere Menschenkenntnis. Auf unsere Erfahrung. Wir wissen doch, wie die Menschen so ticken. Irgendwie kommentieren wir alles. Wir urteilen, oder geben mehr oder weniger gut gemeinte Rat-Schläge.

In der Bibel gibt es ein gutes Beispiel der zurückhaltenden Art wie Jesus, trotz (oder wegen) seiner Menschenkenntnis, Zurückhaltung demonstriert:

„Und als er von Jericho auszog, samt seinen Jüngern und einer großen Volksmenge, saß ein Sohn des Timäus, Bartimäus der Blinde, am Weg und bettelte. Und als er hörte, dass es Jesus, der Nazarener war, begann er zu rufen und sprach: Jesus, du Sohn Davids, erbarme dich über mich! (…) Und Jesus begann und sprach zu ihm: was willst du, dass ich dir tun soll? (…)" (Markus 10,46–52)

Jedem der Umherstehenden ist doch klar, was der blinde Bettler will. Mindestens Geld, vielleicht sogar Heilung. Nur

Jesus, der kriegt das Offensichtliche nicht mit. Wie steht es eigentlich um seine Menschenkenntnis? Mit seiner Frage, „was soll ich dir tun?“ provoziert er, stellt er das Besserwissen seiner Umgebung infrage. Und damit all diejenigen, die schon eine Antwort haben, bevor überhaupt eine Frage gestellt worden ist.

Warum sollte er Antworten geben auf eine nicht gestellte Frage? Und – er legt die Verantwortung für das, was geschehen soll in die Hand beziehungsweise in den Mund oder in den Kopf desjenigen, der eine Frage hat.

8.3 Welcher Geist hält den Vertrauensraum?

Die Gruppendynamik im Dialog kann unterschiedliche Formen und Wirkungen haben. Sie können den Wir-Geist beflügeln.

Wir kennen dies vom *Mannschaftsgeist,* der die Grundlage eines Wettbewerbs bildet.

Wir kennen es vom *Teamgeist*, der uns motivieren soll das bestmögliche zu Stande zu bringen.

Wir kennen es vom *Konkurrenzgeist* nach dem Motto: wir gegen die anderen.

Oder gar vom: *Wir* oder die *Fremden.*

Wir kennen den *Encountergruppengeist*, wo durch das wohlige Gruppengefühl der Verstand schmilzt.

Bis hin zum *Sektengeist*, bei dem es nur noch Gläubige und Ungläubige gibt.

Wir kennen es vom *Parteiengeist,* der nur eine bestimmte Bandbreite von Meinungen zulässt und wo auch der Mief des „Stallgeruchs" stimmen muss.

Wir kennen auch das *Stockholm Syndrom*, wo paradoxerweise ein Gemeinschaftsgefühl der Entführten mit den Entführern entsteht, somit zwischen Opfern und Tätern.

Wir kennen aber andererseits auch die *Großgruppendynamik*, in der Konflikte nicht mehr unter den Tisch gekehrt werden können, weil sich in ihr die Vielfalt des realen Lebens abbildet und wiederfindet.

Dieses ist auch die Basis einer funktionsfähigen Dialogrunde. Aber es fehlt in ihr noch der Geist des absoluten Vertrauens – um sagen zu können, was einem wirklich wichtig ist; das, was einen existenziell bewegt: eine grundlegende

Qualität von menschlicher Solidarität im Erkenntnisprozess. Paradoxerweise finden wir eine ähnliche Verhaltensweise in existenziellen menschlichen Situationen, wie zum Beispiel im Krieg.

8.4 *Das Wichtigste im Dialog ist das Zuhören* Ein Gespräch mit Imam Moghadam von der Imam-Khomeini-Stiftung

Nimm Dich vor den Worten in acht ... Sobald Du wegschaust, werden sie ihr eigenes Leben führen, werden sie Dich blenden, hypnotisieren, terrorisieren, Dich von der Wirklichkeit, für die sie stehen, fort in die Irre führen, Dich dazu verleiten, sie für wahr zu halten. Die Welt, die Du siehst, ist nicht das Königreich, dass die Kinder schauen, sondern eine zerstückelte Welt, die durch Wörter in Tausende einzelner Teile zerlegt ist (...) Es ist, als sähe man jede Meereswelle einzeln und abgesondert vom Ozean. Sobald Wörter und Gedanken zum Schweigen gebracht sind, erblüht das Universum fort – wirklich, ganz und eins – und Worter werden das, was sie immer bedeuten sollten: die Partitur, nicht die Musik, die Menükarte, nicht das Essen, der Wegweiser, nicht das Reiseziel.

Anthony De Mello

„So viele Wege wie es Menschen gibt"

Hartkemeyer: *Herr Moghadam, was ist für Sie das Wichtigste im Dialog?*
Imam Moghadam: Die wichtigste Qualität ist für mich das Zuhören. Das scheint einfach zu sein, aber es ist das schwierigste. Vor allem dann, wenn man das Gefühl hat, dass es um „Wahrheit" geht.

Ist die Wahrheit denn für Sie relativ oder gar teilbar?
Weder – noch, aber die Wahrheit ist mehr, als ein einzelner verkörpern kann. Es scheint eine Überschätzung zu sein, wenn wir uns persönlich im Besitz der Wahrheit wähnen. Das zerstört den Dialog!

Stellt für Sie der Dialog zwischen den unterschiedlichen Glaubensrichtungen eine besondere Herausforderung dar?
Ich glaube schon, denn Vertreter von Religionen scheinen sich besonders im Besitz der Wahrheit zu wähnen, obwohl das Hören in den heiligen Schriften eine besondere Rolle spielt. Ich denke an den Koran.

Auch in der Bibel steht geschrieben: „Wer Ohren hat zu hören, der höre". Dabei ist die besondere Qualität des Zuhörens gemeint, wo man sich gegenseitig einen neuen gemeinsamen Bedeutungshorizont eröffnen kann.
Diese Qualität meine ich. Ich war Teilnehmer einer interreligiösen Konferenz, an der nicht nur monotheistische Religionen wie Islam, Christentum und das Judentum vertreten waren, sondern auch Buddhisten und andere. Der buddhistische Vertreter meinte: „Es ist schwierig miteinander ins Gespräch zu kommen, da Ihr Euch doch als alleinseligmachende Religion versteht". Ich sagte daraufhin: „Es gibt so viele Wege zu Gott, wie es Menschen gibt". Er war verdutzt und fragte, ob das meine wirkliche Meinung sei. Als ich bejahte, stand er auf, ging auf mich zu und umarmte und küsste mich.

Wo sehen Sie derzeit die größten Probleme im internationalen Dialog?
Ich bin sehr betrübt davon, dass im Westen so viele Menschen den Islam in einem Atemzug mit dem Terrorismus nennen.

Als wenn die derzeit größte Gefahr für die Menschheit von uns ausginge. Wir leiden darunter sehr. Ich kann nicht verstehen, wie dieses Bild, das früher vielleicht nur bei wenigen unterschwellig vorhanden war, ein solches Massenphänomen geworden ist. Natürlich gibt es im Islam Fanatiker, so wie sie es auch bei Juden und Christen gibt, aber dieses Massenphänomen bereitet mir große Sorgen. Ich bin deshalb sehr erfreut, dass sie unser Dialogprojekt im Iran unterstützen. Ich glaube, wir müssen alle das Zuhören lernen. Das ist das Wichtigste im Dialog.

Die Imam Khomeini Stiftung wurde nach der iranischen Revolution in Teheran für wohltätige Zwecke der Bevölkerung gegründet.

8.5 Auf der Suche nach einer neuen Sprache für systemisches Denken

Die Grenzen meiner Sprache
sind die Grenzen meiner Welt.

Ludwig Wittgenstein

Früher haben die Menschen Schweigen meist für ein Ideal gehalten, dass es anzustreben galt, für ein Zeichen von Weisheit. Wir sind von einem Extrem ins andere verfallen. Heute kommen wir uns wie Trottel vor, wenn wir auf eine Party gehen und nicht wissen, was wir reden sollen. In der Vergangenheit wäre das nicht so schlimm gewesen. Heute sollten wir daran denken, dass Leute, die keinen Ton herausbringen, oft mit Gesprächen beschäftigt sind, die genauso wertvoll und aufregend wie jedes andere sind, nämliche Selbstgesprächen. Das bedeutet Denken. Gedankenloses Reden ist hohl.

Theodore Zeldin, Der Rede Wert

Die Sprache enthält unendliche Möglichkeiten, persönliche Erfahrungen in zeitlich geraffter Form einem anderen Menschen mitzuteilen. Bedingt durch die unterschiedliche Erkenntniswelt und die individuellen Bilder kann ein anderer davon jeweils nur bestimmte Elemente begreifen. Außerdem hat die Sprache die Eigentümlichkeit, alles in einem Nacheinander darzustellen.

Der Sprachforscher Benjamin Lee Whorf war vor seiner Tätigkeit als Wissenschaftler Mitarbeiter einer Feuerversicherungsgesellschaft und stieß bei der Analyse von vielen hundert Schadensfällen auf die wahrnehmungsleitende Wirkung von Sprache. Wir alle „wissen" intuitiv, dass wir uns in der Umgebung von „Benzinfässern" vorsichtig zu verhalten haben, so Whorf. Aber wie ist es, wenn wir es mit einem Lager „leerer Benzinfässer" zu tun haben? Das Wort „leer" scheint dann die Abwesenheit von Gefahr zu suggerieren; aber leere Benzinfässer können, wenn sie einmal gefüllt gewesen sind, explosive Dämpfe enthalten und damit wesentlich gefährlicher sein als gefüllte …

Gerade für kreatives Denken, für systemische Prozessbeschreibungen und für die Darstellung von Zusammenhängen scheint eine neue Sprache erforderlich zu sein, die nicht die herrschende Tendenz der Einordnung – in Schubladen – fördert, sondern eine neue Sicht von unentdeckten Zusammenhängen eröffnet. Gregory Bateson hat dies in seiner *Ökologie des Geistes* deutlich gemacht. Er hat den Beziehungen im Gedankenfeld und der damit verbundenen Kreativität große Aufmerksamkeit gewidmet. Das Gedankenfeld lässt sich mit einem dreidimensionalen Gespinst im Raum vergleichen: Wenn ich irgendwo die Spannung verändere oder ein Gewicht hineinwerfe, verändern sich alle Knotenpunkte und Relationen im Raum. Um deutlich zu machen, worum es geht, versuchen wir einen Perspektivwechsel:

Die Himba, ein nomadischer Stamm in Nordwestnamibia, haben einen anderen Zeitbegriff als wir. Die Zeit ist für sie ein Fluss, der vorübergleitet. Die Zukunft liegt unsichtbar hinter ihnen, weil sie sich erst noch ereignen muss. Die Vergangenheit liegt klar vor ihnen. Sie bedeutet ihnen viel, weil sie ihnen das Wissen gibt, das sie davor bewahrt, grundsätzliche Fehler zu machen. Die westliche Vorstellung einer vor uns liegenden Zukunft und einer hinter uns liegenden abgelaufenen Vergangenheit erscheint ihnen sinnlos. Wie kann das unbekannte Morgen vor einem liegen? Wenn aber die Vergangenheit hinter einem liegt, kann man sie leicht vergessen und immer wieder die gleichen Fehler machen. Eine verblüffende Logik?

Ein anderes Modell für Zeit und Raum stammt von den australischen Aborigines. Sie fassen den Raum nicht als Entfernung, sondern als Beziehung, als Bewusstsein auf. Während die greifbaren Dinge im Raum dem Bewusstsein erfahrbar sind, entsprechen die Beziehungen dem Raum des Unbewussten, im Sinne von Traum und Möglichkeit. Dieser unbewusste Raum ist nicht nur im Traum (im Schlaf), sondern auch in der Gegenwart stets präsent und dem Bewusstsein zugänglich. Solche Beziehungen sind allumfassend und reichen vom Inneren des Atoms bis in die Galaxien. Die Kosmologie der Quantenphysik kommt der Naturphilosophie der Aborigines erstaunlich nahe. Danach sind das erkennende Subjekt und das Erkannte untrennbar miteinander verbunden. Raum, Zeit, Energie gehen auseinander hervor und sind Aspekte des Seins. Bewusstsein bleibt auch in der Welt der Aborigines ein unendliches Potenzial von Bedeutungen, Formen, Analogien, Mustern.

Die westliche (Sprach-)Struktur von Subjekt, Prädikat und Objekt begünstigt eine lineare Sichtweise. Daher begünstigt sie auch, im negativen Fall, bei Konflikten eine Eskalationsdynamik. – Die Linearität des Denkens kann in eine Wahrnehmungszyklizität, in ein „Gefangensein" oder gar in eine Destruktionsspirale führen.

Wie erkennen wir in solchen Situationen die dahinterstehenden Muster, den reziproken Einflussstrom? Wie können wir sehen, dass jeder Einfluss sowohl Ursache als auch Wirkung ist? In der Sprache der nordamerikanischen Hopi könnte es heißen: Ein Ereignis ist (nach Whorf) eine zu Ende kommende Verursachung im Feld der Möglichkeiten. Die schlummernde Möglichkeit offenbart sich, ein Samenkorn entfaltet sich zum Beispiel durch geistige, kausale, keimtreibende Aktivitäten im Möglichkeitsraum. Der Same ist in diesem Verständnis eher ein Tor, durch das aus dem Kosmos eine neue Qualität in die Welt treten kann.

Die Ponca, ein nordamerikanischer Indianerstamm, haben keine feste Sichtweise von rechts und links. Was meine rechte oder was meine linke Hand ist, kann wechseln, je nachdem, auf welcher Seite des Flusses ich in welche Richtung gehe.

Die kalifornischen Wintu kennen keinen Begriff für „ich habe". Statt „Ich habe eine Schwester" sagen sie, „Ich bin verschwestert". Die Erde heißt bei den Ponca „I Naha" – die Mutter, die Dich nährt und alles weiß".

Wir müssen erkennen, dass andere Sprachstrukturen teilweise präzisere und differenziertere Systeme der Beschreibung von Zusammenhängen enthalten können als die westlichen Sprachen. In westlichen Sprachen kann zum Beispiel eine Erkenntnis, die aus der Sinneserfahrung gewonnen ist, genauso ausgedrückt werden wie etwas, was Resultat einer Folgerung im Bewusstsein ist. Wenn ich etwa sehe, dass etwas „rot" ist oder sehe, dass etwas „neu" ist, sind beide „Ergebnisse" oder „Erkenntnisse" in gleicher Weise ausgedrückt, obwohl es sich um völlig verschiedene Wahrnehmungen und Schlüsse handelt. Diese Wahrnehmungsqualitäten ebnen wir sprachlich irreführend ein. Auf das Ergebnis „rot" kommen wir durch die Frequenzbestimmung, den Farbsinn. Auf „neu" kommen wir durch ein System von Schlussfolgerungen.

Weil wir diesen entscheidenden Unterschied einebnen, benötigen wir neue Weisen, wie wir das, was wir als „Tatsachen" bezeichnen, erkennen, auffassen, über es (nach-) denken und reden. – Erst die Quantenphysik und die Relativitätstheorie haben deutlich gemacht, dass unsere scheinbar logische Sprachstruktur im Grunde ebenfalls fragwürdige Vorstellungen über die Wirklichkeit suggeriert, wie es das Bild der statischen Räume und einer messbaren, gleichförmig ablaufenden Zeit zeigt.

Ausklang

Sperrstunden

Lärm
Ist ein grausamer Herrscher,
Der immer
Sperrstunden verhängt.
Stille und Ruhe hingegen
Brechen die Flaschen edlen Weines auf
Und wecken
Die wahre Musik.

Hafis

Johannes Hartkemeyer
Eine Lebensskizze

Johannes Hartkemeyer wurde am 8. April 1950 geboren. Seine Zwillingsschwester Hildegard, die kurze Zeit nach ihm das Licht der Welt erblickte, hatte einen offenen Rücken und lernte aufgrund einer Infektion nie zu laufen. Zwei Schwestern, die einige Jahre zuvor geboren wurden, waren beide kurz nach der Geburt gestorben, ein Brüderchen, das nach den Zwillingen zur Welt kam, lebte nur wenige Wochen.

An der Bürde dieser Familiengeschichte trug Johannes sein Leben lang.

Mit umso größerer Freude war er als Vater für vier Kinder da, die quicklebendig zur Welt kamen. Mit jedem einzeln machte er, als sie etwa zehn Jahre alt waren, eine größere Reise. Ihm war nur zu bewusst, dass es keine Selbstverständlichkeit war, gesunde und muntere Kinder zu haben.

Johannes war erst knapp elf Jahre alt, als sein eigener Vater an einem Gehirntumor starb. So musste er sich in seinem Leben so manchen Fortschritt hartnäckig erarbeiten.

Lehrern, Paten und Vorbildern kam dabei eine helfende Rolle zu. Denn es war keineswegs selbstverständlich, dass er, der Bauernsohn, nach der Volksschule noch weiter lernen durfte. Es bedurfte vieler eindringlicher Gespräche eines engagierten Lehrers, der seine Mutter schließlich davon überzeugte, dass Johannes neben der Hofarbeit weiter zur Schule gehen durfte. Das Überleben des Hofes musste sichergestellt sein, erst danach waren andere Themen möglich.

Der Hof war für die Familie und auch für Johannes immer zentraler Rückzugsort und Lebensmittelpunkt. Auszeiten oder Urlaube waren nur möglich, wenn es die Situation auf dem Hof zuließ. Daneben war sein Interesse für politische und gesellschaftliche Fragen sowie für die Menschheits- und Persönlichkeitsentwicklung groß. Er war schon als Jugendlicher in der Katholischen Landjugend-Bewegung aktiv, vertrat 1976 deren internationale Organisation, die Mouvement International de la Jeunesse Agricole et Rural Catholique (MIRJAC) auf ihrem Weltkongress in Warschau. Er blieb lebenslang an dem persönlichen Austausch mit Menschen interessiert, die in ihrem Arbeitsbereich eigene, neue, andere Wege gingen.

Er fuhr zu einem letzten Besuch zu dem schwer erkrankten Pater Alban, einem seiner wichtigsten Freunde und Vorbilder, nach Brasilien. Dort besuchte er auch Paolo Freire („Pädagogik der Unterdrückten“) und Josef Lutzenberger (den ehemaligen brasilianischen Landwirtschaftsminister).

In Kolumbien sprach er in Vorbereitung der EXPO mit dem damaligen Staatspräsidenten Pastrana. Diese und zahlreiche weitere Gespräche, Interviews und Begegnungen wertete er anschließend aus und sorgte für Veröffentlichungen in Zeitungen, beispielsweise in der *Süddeutschen Zeitung*, der *Frankfurter Rundschau* oder der *Frankfurter Allgemeinen Zeitung* und in Büchern. Immer in dem Bemühen, diese Themen und Personen vielen Menschen bekannt zu machen.

Viele Jahre lang verfasste er monatliche „Nachrichten vom Hof“, in denen er zum einen die Entwicklung der „Solidarischen Landwirtschaft“ auf dem heimatlichen Hof Pente vorstellte, zum anderen die Bedingungen und Probleme der Agrarpolitik in Deutschland und weltweit aufzeigte.

Seine Arbeit in der Erwachsenenbildung und mit Gruppen von sehr unterschiedlichen Menschen weckte seine Hoffnung darauf, die „dialogische Intelligenz“ zur Lösung unvermeidlich auftretender Probleme besser verstehen und eher wecken zu können.

2017 wurde eine schwere Krebserkrankung bei Johannes entdeckt, an der er 2019 verstarb. Er ließ es sich aber nicht nehmen, trotz seiner Erkrankung, wann immer es möglich war, noch an diesem Buch zu arbeiten, Texte zu überdenken, neue Gedanken zu integrieren. Vielleicht auch, weil es ihm Kraft gab, er sich beim Schreiben lebendig fühlte und er auf diese Weise etwas hinterlassen konnte, was ihm wichtig war.

Ohne sein lebenslanges, aktives Interesse für andere Menschen gäbe es dieses Buch nicht.

Martina Hartkemeyer

Bildquellenverzeichnis

Kapitel 1.1 Willy Brandt: dpa-picture alliance
Kapitel 1.3 Anwar as-Sadat: Wikimedia,
Kapitel 1.3 Helmut Schmidt: Wikipedia, Hans Schafgans
Kapitel 1.4 Marshall Rosenberg: Beth Benning
Kapitel 1.6 Dan Bar-on: Jann Wilken
Kapitel 1.8 Sally Perel: Wikimedia
Kapitel 1.9 Muhamed Ashafa und James Wuye: Institute of Peace
Kapitel 2.1 Klaus Maria Brandauer: Sven Mandel
Kapitel 2.2 Mahatma Gandhi: Wikimedia
Kapitel 2.4 Dag Hammarskjöld: Wikimedia
Kapitel 2.5 Andrés Pastrana: Wikimedia
Kapitel 2.6 Adolf Reichwein: Wikimedia
Kapitel 2.8 Elisabeth Siegel: Stadt Osnabrück
Kapitel 3.1 Thomas Berry: Wikimedia
Kapitel 3.2 Teyune: Anke Außendorf
Kapitel 3.2 Galsan Tschinag: Heike Huslage-Koch
Kapitel 4.4 Fritjof Capra: Wikimedia
Kapitel 5.4 Mohammad Khatami: WEF
Kapitel 6.2 Joseph Weizenbaum: Gesellschaft für Informatik
Kapitel 6.3 Gunter Pauli: Wikimedia
Kapitel 6.4 Jesper Juul: Franz Bischof
Kapitel 6.6 Otto Schärli: Info3 Verlag
Kapitel 7.2 David Bohm: Wikipedia
Kapitel 7.2 Rainer Mausfeld: Westend Verlag
Kapitel 8.1 Hans-Peter Dürr: Tage der Utopie
Lebensskizze Johannes Hartkemeyer: privat

Ebenfalls im Info3 Verlag

Martina, Johannes und Tobias Hartkemeyer

Dialogische Intelligenz

Aus dem Käfig des Gedachten in den Kosmos des gemeinsamen Denkens

Mit einem Vorwort von Gerald Hüther

4. Auflage, Dezember 2021, 200 Seiten, Broschur, **€ 19,80**

ISBN 978-3-95779-033-0

Den Anderen verstehen, eigene verengte Standpunkte überwinden und gemeinsam Neues denken – das ist die Perspektive, die durch Dialog möglich wird. Was den echten Dialog ausmacht und wie wir unsere eigene „Dialogische Intelligenz" wecken können, zeigt dieses Grundlagenwerk von Martina, Johannes und Tobias Hartkemeyer, auf dem der vorliegende Band aufbaut.

Die Autoren tragen aus den unterschiedlichsten Richtungen Bausteine für den gelingenden Dialog zusammen. Sie greifen dabei auf langjährige Beratungserfahrungen in der Begleitung von Veränderungsprozessen in Einrichtungen und Unternehmen zurück. Zahlreiche Experten einer modernen Dialogkultur kommen zur Sprache – ein Werkstattbuch im besten Sinne des Wortes.

Mit einem Nachwort aus dem Umfeld der Friedensnobelpreisgewinner 2015 in Tunesien, bei deren Arbeit die Methode Hartkemeyer eine wesentliche Rolle gespielt hat.

Unser gesamtes Programm unter

www.info3.de

INFO3 VERLAG

Info3-Verlag
Kirchgartenstr. 1 – 60439 Frankfurt
Tel. 069-58 46 47 – Fax 069-58 46 16
Mail: vertrieb@info3.de
Web: www.info3-verlag.de